QUEM TEM MEDO DE FAXINA?

Carol Zappa e Suhellen Kessamiguiemon

QUEM TEM MEDO DE FAXINA?

{ Tudo o que você precisa saber para arrumar a sua casa de um jeito rápido, barato e eficiente }

intrínseca

Copyright © 2023 by Carol Zappa e
Suhellen Kessamiguiemon

REVISÃO
Carolina Vaz e Iuri Pavan

CAPA, PROJETO GRÁFICO E DIAGRAMAÇÃO
Larissa Fernandez e Letícia Fernandez

CIP-BRASIL. CATALOGAÇÃO NA PUBLICAÇÃO
SINDICATO NACIONAL DOS EDITORES DE LIVROS, RJ

K52q Kessamiguiemon, Suhellen
Quem tem medo de faxina? : tudo o que você precisa saber para arrumar a sua casa de um jeito rápido, barato e eficiente / Suhellen Kessamiguiemon, Carol Zappa. - 1. ed. - Rio de Janeiro : Intrínseca, 2023.
144 p.

ISBN 978-65-5560-698-0

1. Limpeza e organização da casa - Manuais, guias, etc. I. Zappa, Carol. II. Titulo.

23-83280
CDD: 648.5
CDU: 648.5

Meri Gleice Rodrigues de Souza - Bibliotecária - CRB-7/6439
31/03/2023   04/04/2023

[2023]
Todos os direitos desta edição reservados à
EDITORA INTRÍNSECA LTDA.
Rua Marquês de São Vicente, 99, 6º andar
22451-041 — Gávea
Rio de Janeiro — RJ
Tel./Fax: (21) 3206-7400
www.intrinseca.com.br

Este livro é para todos que, assim como eu, precisam de uma forcinha para deixar a casa limpa e arrumada sem sofrimento. E também para o Benjamin e a Lola, que herdaram de mim o gene da bagunça, para que cresçam tirando de letra as tarefas de casa.

É difícil dedicar este livro a uma pessoa só... Então dedico a mim mesma e às minhas 48 personalidades, que, em meio ao caos, conseguimos fazer parte deste projeto incrível. E também a todos que acreditaram que eu fosse capaz de fazer algo bom.

SUMÁRIO

09 PARTE 1
INTRODUÇÃO

10 APRESENTAÇÃO: Limpando a própria casa

13 1. COMO TUDO COMEÇOU

17 2. MUDANDO A RELAÇÃO COM A FAXINA

20 PARTE 2
PLANEJAMENTO

21 1. COMO LIDAR COM A ROTINA: Planeje seu dia e defina prioridades e metas

25 2. INCLUINDO AS CRIANÇAS NO PROCESSO: Atividades simples para os pequenos

30 3. O CRONOGRAMA DA FAXINA: Tarefas anuais, mensais, semanais e diárias

33 4. ARSENAL DA LIMPEZA: Utensílios, eletrodomésticos e produtos nos quais investir para facilitar a faxina

39 5. FAÇA VOCÊ MESMO: RECEITAS CASEIRAS (E PARA QUE SERVEM)

44 PARTE 3
MÃOS À OBRA

46 TODO DIA

Truques que ninguém te conta e como planejar seu dia para otimizar o tempo

50 DIA 1: **SALA**

→ Checklist e itens que você vai usar no cômodo
→ Como eliminar odores no sofá, mofo de parede, mancha de gordura etc.

62 DIA 2: **BANHEIRO**

→ Checklist e itens que você vai usar no cômodo
→ Limpando o sanitário em 7 passos, técnica ninja do blindex etc.

70 DIA 3: **QUARTO**

→ Checklist e itens que você vai usar no cômodo
→ Como eliminar odores e limpar colchão e travesseiros etc.

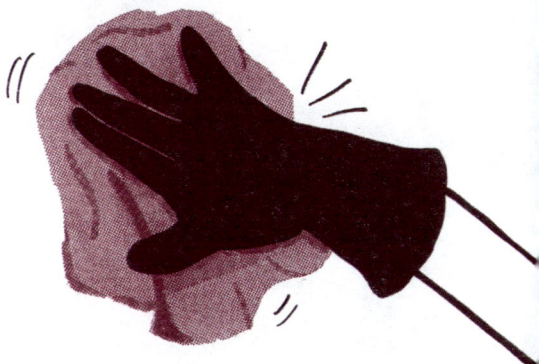

75 DIA 4: **COZINHA**

→ Checklist e itens que você vai usar no cômodo
→ Como tirar gordura do fogão, limpar geladeira etc.

108 2. CADA COISA EM SEU LUGAR

89 DIA 5: **LAVANDERIA OU ÁREA DE SERVIÇO**

110 PARTE 5
ANIMAIS DE ESTIMAÇÃO

→ Checklist e itens que você vai usar no cômodo
→ Como dar um trato na máquina de lavar, tirar manchas difíceis de roupas etc.

112 1. PELOS, COMO NÃO TÊ-LOS?

115 2. OUTRAS DICAS PARA QUEM TEM PETS

101 PARTE 4
DICAS DE ORGANIZAÇÃO

117 PARTE 6
DICAS DE OURO

Itens coringas da limpeza, misturas proibidas, como evitar mofo etc.

105 1. AS REGRAS DO DESAPEGO:
O que está ocupando espaço e o que vale ir embora?

139 **AGRADECIMENTOS**

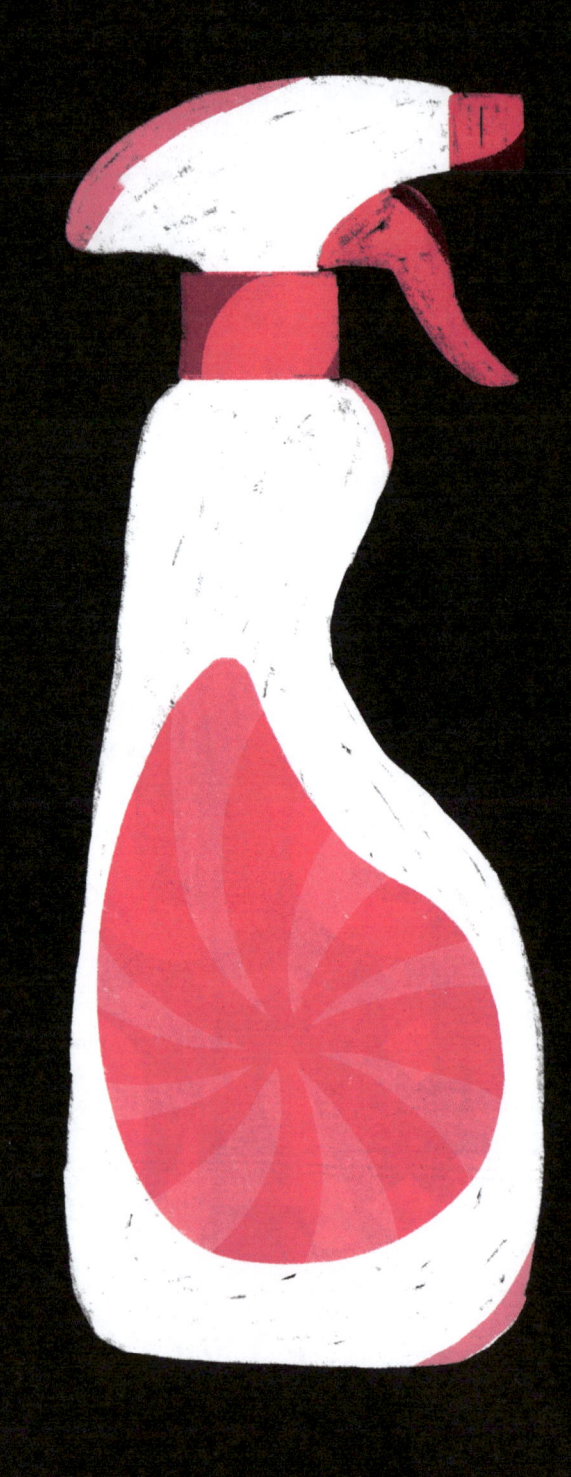

INTRODUÇÃO

PARTE 1

Apresentação

LIMPANDO A PRÓPRIA CASA

Atire a primeira pedra quem nunca se desesperou com as tarefas de casa. No mundo moderno, há sempre muita coisa a se fazer e pratinhos para equilibrar: é o emprego que exige demais, aquele prazo apertado de trabalho, a escola dos filhos, a falta de tempo para fazer exercícios, a preocupação em manter a saúde em dia... E ainda cuidar da comida, lavar roupa, louça. Socorro!

O ambiente ao nosso redor pode influenciar muito o nosso humor e o funcionamento da rotina. Quando a casa está limpa e arrumada, dá aquela sensação de tranquilidade para seguir o dia, enquanto aquela pilha de bagunça ou as sujeirinhas se acumulando pelos cantos vão desanimando na hora de começar alguma outra tarefa. E aí vira uma bola de neve. Para muitos, no entanto, a hora da limpeza é um suplício. Comigo, pelo menos, era assim (e confesso que ainda é de vez em quando). Até que eu esbarrei com a Suhellen numa esquina das redes sociais.

Autora do divertido perfil @diario.da.diarista no Instagram, Suhellen Kessamiguiemon mostra que o trabalho doméstico não precisa ser penoso e ajuda a transformar definitivamente a nossa relação com a faxina. Na conta, criada em 2018 para divulgar o trabalho escolhido para complementar sua renda, ela orienta, dá dicas e ensina truques para limpar e organizar a casa, sem perder o bom humor. Desde então, conquistou mais de trinta mil seguidores e admiradores, como a chef argentina Paola Carosella, e participou de reportagens e programas de TV. Com a pandemia de Covid-19 em 2020, ela levou seu projeto para o mundo virtual e criou uma mentoria e um e-book com um passo a passo da faxina descomplicada.

No Brasil, o trabalho doméstico costuma ser visto como um ofício menos nobre, tradicionalmente terceirizado e executado por mulheres, na maioria negras — herança cultural da escravidão (fomos um dos últimos países a decretar a abolição) e do machismo e racismo estruturais. Mas — ainda bem — essa visão está começando a mudar, principalmente entre as gerações mais jovens. A pandemia também fez com que muita gente que nunca limpou a própria casa despertasse para a dimensão e a valorização dessa tarefa e deve transformar para sempre a relação das pessoas com a faxina.

O objetivo deste livro é ser uma espécie de manual, que vai ajudar você a encarar de outra forma a limpeza de casa: ela vai deixar de ser um processo penoso para virar uma tarefa leve e até prazerosa, por meio de pequenas mudanças de hábito e dicas preciosas para otimizar tempo e material. É destinado a todos aqueles que querem ou precisam aprender a cuidar do próprio espaço, de famílias inteiras a jovens morando sozinhos pela primeira vez. Serve tanto para quem não tem a menor ideia de por onde começar quanto para quem já manja do riscado, mas quer saber qual o produto mais indicado para determinada limpeza, aprender a organizar melhor o tempo, tirar uma dúvida ou pegar truques infalíveis. Prontos para uma bela faxina?

Coautora do livro, Carolina Zappa é jornalista, mãe de dois, dona de casa e ainda está aprendendo a incorporar as dicas deste guia no dia a dia para fugir do caos.

1. COMO TUDO COMEÇOU

OLÁ! Eu sou a Suhellen, ex-diarista, mais conhecida como a louca do vinagre. Depois de alguns bons e intensos anos de faxinas, estou aqui para ensinar todos os meus truques, que vão facilitar a sua vida na hora de limpar a casa.

Comecei a fazer faxinas por opção, pois é algo que sempre soube fazer bem — e com prazer. Cresci em uma cidadezinha na Zona da Mata mineira, Caputira, com cerca de nove mil habitantes, e fui criada por uma tia. Minha mãe era técnica de enfermagem e veio para o Rio de Janeiro aos dezessete anos. Tive uma infância feliz, passava férias no Rio e, aos quinze, me mudei de vez também. Minha mãe, assim como minha tia, fazia faxina para complementar a renda, e eu costumava ir junto, ajudando no que podia. Ela era muito caprichosa, mas um tanto neurótica com limpeza. Na época, eu não conseguia entender alguém passar a maior parte da vida fazendo faxina, mas aprendi muito com ela. Lá em casa, por exemplo, sempre teve essa tradição de sexta-feira ser o dia da limpeza: todo mundo se juntava e fazia aquele faxinão. Quando eu era mais nova, minha relação com os cuidados domésticos era trivial: fazia porque era preciso, mas, como muita gente, achava uma tarefa maçante e sempre via gente se queixando de como era chato cuidar da casa.

Hoje, depois de ter trabalhado com isso por alguns anos, vi que a limpeza vai muito além de varrer o chão — tem a ver com tornar a sua casa um refúgio.

Isso não deve ser um fardo. Precisamos encontrar um equilíbrio para manter as coisas em ordem, mas também ter tempo para fazer o que amamos. Neste livro, espero ajudar um pouquinho a tornar essa tarefa mais prática e prazerosa.

MEUS 15 MINUTOS DE FAMA
(OU UM POUCO MAIS)

Brinco que, até os trinta anos, minha vida foi uma série de escolhas erradas. Tive muitas oportunidades, mas, por falta de juízo, não soube aproveitá-las. Em 2018, com três filhos, eu saía de um divórcio conturbado após dez anos de casamento. Entrei em depressão. Sabia que tinha que recomeçar, mas não fazia ideia de como. Comecei a fazer terapia, engatei um novo relacionamento e decidi que era hora de tomar um rumo na vida.

EU JÁ FAZIA BICOS DE FAXINA PARA ALGUMAS PESSOAS PRÓXIMAS. ENTÃO PENSEI: POR QUE NÃO PARA DESCONHECIDOS?

Milhares de pessoas fazem isso o tempo todo. Mas quem é que ia querer colocar uma estranha para limpar a própria casa? Comecei a oferecer meus serviços pelas redes sociais, sem sucesso. Posso apostar que olhavam para a minha foto e pensavam: "Essa aí não sabe nem lavar um copo." Sem contar que eram milhares de ofertas nesses grupos. Foi aí que tive a ideia de criar um perfil no Instagram, o @diario.da.diarista. Não ia ter fotos bonitinhas, viagens maravilhosas nem roupas da última moda, e sim a minha rotina, os perrengues das faxinas, minha realidade. E, lógico, receitinhas caseiras e truques de limpeza. Até que uma estranha teve a coragem de me chamar para limpar sua casa. A partir dali, as coisas começaram a caminhar, e, em poucas semanas, eu já estava com a agenda toda preenchida. Cada faxina era uma pequena vitória e mais um passo rumo à minha estabilidade financeira.

Segui alimentando o perfil, que foi crescendo de maneira orgânica, com a minha rotina, sem filtros (não tinha nada fabricado, era tudo real).

VOU DIZER PARA VOCÊ: JÁ PEGUEI CADA BANHEIRO QUE — MISERICÓRDIA! — PARECIA QUE NÃO VIA UM ESFREGÃO HAVIA UMA DÉCADA.

Mas sempre encarei tudo com leveza e muito bom humor, como fazia em casa. Comecei a ganhar alguma visibilidade e ser reconhecida e respeitada pelo meu trabalho. Apareci em programas de TV e em reportagens de jornais e revistas, ou seja, tive meus minutinhos de fama.

Para complementar minha renda, perdida durante os meses de isolamento social devido à Covid-19, passei a me dedicar a um projeto que já vinha nutrindo: lancei uma mentoria com um passo a passo e dicas para limpar a casa, "A Diarista Te Conta". Nesse tempo, amadureci, melhorei como indivíduo, aprendi muito, conheci pessoas incríveis e vivi momentos maravilhosos. Agora tenho a oportunidade de compartilhar esse "manual" para você perder de vez o medo de encarar a faxina e manter a limpeza da casa em dia sem que isso se torne um peso. Vamos nessa?

2. MUDANDO A RELAÇÃO COM A FAXINA

Quando as tarefas acumulam...

→ Você olha para sua casa em desespero, se perguntando como as coisas saíram tanto do controle?

→ Fica inerte diante da bagunça sem saber por onde começar e acaba procrastinando a arrumação?

→ Uma simples tarefa doméstica já te deixa de cabelo em pé?

Calma! Saiba que você não é a única pessoa a passar por isso. Mas também não esqueça que os cuidados com a casa não precisam ser tão complicados assim.

Muita gente (principalmente mulheres) vê a própria casa como um peso. Desde sempre, o cuidado com o lar foi encarado como uma obrigação inevitável, recaindo sobre uma pessoa só. Eu mesma me senti assim por muito tempo, exausta e sobrecarregada.

MAS HOJE, DEPOIS DE MUDAR ALGUMAS OPINIÕES, CONSIGO VER A FAXINA DE UMA MANEIRA DIFERENTE.

Um ambiente limpo e organizado influencia positivamente sua rotina, seu humor e sua produtividade. E eu estou aqui para ajudar nesse processo e facilitar a sua vida, contando um pouquinho da minha experiência e os truques que fui aprendendo no dia a dia. Assim, você vai ver que limpar a casa não é um bicho de sete cabeças e não precisa ser um fardo. Para começar, precisa ter em mente o seguinte:

NÃO EXISTE LIMPEZA OU ORGANIZAÇÃO PERMANENTE.

Uma casa com vida, com pessoas, sempre terá o que limpar ou arrumar. Mas isso não significa que você deva estar o tempo todo fazendo isso.

MUITO TEMPO DEDICADO À FAXINA NÃO É SINÔNIMO DE SUCESSO

Quando você decide limpar a casa inteira de uma só vez, na metade do caminho já está à beira da exaustão, não consegue terminar o serviço, e a frustração é certa. Ainda mais se precisar parar toda hora por algum motivo, como atender os filhos ou resolver alguma demanda de última hora.

Para as limpezas pesadas, o ideal é que você dedique mais ou menos duas horas por dia e divida o trabalho por cômodos ou tarefas individuais. Mas vamos levar em conta que esse tempo pode variar de acordo com a realidade de cada um. A ideia é fazer as tarefas sem se sobrecarregar. Pode não ser fácil no início, mas, com a prática, em breve você conseguirá executar as tarefas em menos tempo e com mais eficiência.

PEÇA A PARTICIPAÇÃO DE TODOS QUE MORAM NA CASA

Se você compartilha a casa com outras pessoas, elas devem ser envolvidas nesse processo, para que o trabalho não seja tão pesado para um só. Faça com que todos participem, inclusive as crianças! No começo pode haver resistência, afinal, arrumar a casa não é uma tarefa lá tão divertida. Mas esse momento tem tudo para se tornar mais leve e menos desgastante se todos colaborarem.

No final, essas mudanças podem trazer uma grande economia de tempo para sua vida.

PLANEJAMENTO

PARTE 2

1. COMO LIDAR COM A ROTINA

No dia a dia, temos que conciliar diversas preocupações: casa, filhos, animais de estimação, trabalho, estudo, relacionamentos, autocuidado... Como dar conta de tudo? Parece que nunca há tempo suficiente para cumprir todos os afazeres do dia. Mas o que nos falta, muitas vezes, é administrar melhor esse tempo.

Adquirir novos hábitos, como planejar uma rotina diária, pode não ser tão fácil. Mas com uma boa dose de persistência conseguimos ter sucesso nisso e aproveitar nosso tempo de maneira leve, inteligente e produtiva. Algumas ações simples já serão suficientes para ajudar nessa jornada:

PLANEJE SEU DIA

Na noite anterior ou pela manhã ao acordar, o que funcionar melhor para você! O ideal é que você dedique ao menos dez a quinze minutos para organizar sua rotina. Crie uma lista com tudo o que precisa fazer e vá anotando as tarefas conforme a prioridade. Com um quadro de tarefas e objetivos à mão, você conseguirá manter o foco nas suas atividades com muito mais facilidade.

ESTABELEÇA METAS POSSÍVEIS

Leve em consideração o tempo e a dedicação que cada tarefa demanda. Faça uma coisa de cada vez e, a cada atividade concluída, risque do rol e inicie outra. Visualizar as tarefas sendo cortadas da sua lista aumenta a sensação de produtividade e de trabalho bem-feito. Tentar fazer muita coisa de uma só vez limita as chances de conseguir tudo o que você gostaria. Tenha paciência.

DEFINA PRIORIDADES

Montar uma rotina é mais simples do que parece e facilita muito na hora de determinar o que você precisa fazer, o que quer fazer e o que realmente vai conseguir fazer.

Entender a diferença entre os três e aceitar isso sem pirar já é meio caminho andado. Exemplo: eu quero trocar as cortinas, só que preciso limpar o banheiro, mas neste momento só consigo lavar a louça.

Diante de muitas tarefas, saber por onde começar pode ser difícil. Uma forma de identificar o que deve ser prioridade é focar naquilo que somente você — e mais ninguém — pode fazer. Anote tudo aquilo que você faz ou precisa fazer e observe quais tarefas dependem unicamente de você para serem realizadas. É ali que sua atenção e energia devem estar, e essas se tornarão suas prioridades.

ORGANIZE UM MUTIRÃO DA LIMPEZA

É comum uma única pessoa assumir o controle e a responsabilidade pelas tarefas da casa, mas uma rotina compartilhada, além de exigir comprometimento de todos para a manutenção da ordem, também a torna mais leve para todo mundo. É importante que ninguém fique sobrecarregado! Faça um balanço das tarefas: aquilo que não for prioridade sua, você pode pedir auxílio para executar ou delegar a outras pessoas.

COLOQUE UMA PLAYLIST BEM ANIMADA

Cuidar da casa não é a oitava maravilha do mundo, mas também não precisa ser um martírio. Coloque aquela playlist que te dá energia, deixe o celular de lado para focar no que deve ser feito, chame geral para participar e se jogue!!!

SE PRECISAR DE MOTIVAÇÃO, OUÇA MINHA PLAYLIST:

RESPEITE SEUS LIMITES

Reserve um momento do dia para cuidar de si, bem como um tempo para descansar e estar com as pessoas de quem você gosta ou fazer atividades prazerosas. Nem sempre seremos capazes de concluir todas as tarefas planejadas. E tudo bem. Nesse caso, observe que fatores contribuíram para isso e reorganize sua rotina. O importante é não desistir!

2. INCLUINDO AS CRIANÇAS NO PROCESSO

É DESDE PEQUENO QUE SE APRENDE

Quando eu era mais nova, via em muitas famílias a faxina ser usada como castigo. Fez algo errado? Vá limpar a cozinha ou lavar o banheiro para aprender! Ou então como recompensa: "Se arrumar o quarto direitinho essa semana, ganha um presente." Aí a gente chega à vida adulta e vê que tem que fazer isso sem ganhar nada em troca — que frustração! Isso alimenta a ideia de que manter a casa em ordem, limpa e arrumada é um trabalho sofrido, que ninguém quer fazer. Uma tortura.

QUANTO MAIS CEDO A CRIANÇA ENTENDER QUE TAMBÉM É RESPONSÁVEL PELO CUIDADO COM O NOSSO LAR E AS NOSSAS COISAS

E QUE HÁ MUITAS MANEIRAS DE FAZER ISSO, MAIS FÁCIL SERÁ ENCARAR AS TAREFAS COM MAIS LEVEZA.

No dia a dia dos pequenos, estabelecer horários para comer, dormir, tomar banho e brincar contribui na criação de hábitos saudáveis. Ajudar nas tarefas de casa deve fazer parte naturalmente dessa rotina. Participando desse processo, a criança desenvolve comprometimento e responsabilidade com o seu espaço. Mas esse envolvimento deve ser leve e sutil. Estipular uma rotina para os pequenos não significa sobrecarregá-los de funções nem deixá-los fazer tudo sozinhos. Peça ajuda em algo que estiver fazendo, dê tarefas adequadas à idade deles e observe. Para os menores, por exemplo, as tarefas podem ganhar um tom de brincadeira, seja colocando a roupa suja no cesto ou regando as plantas. Permita que a criança participe do processo. Com o tempo, peça para ela fazer sozinha. Mas lembre: crianças precisam de orientação e carinho!

PARECE FÁCIL?

Ao inserir as crianças na rotina de arrumação, devemos ter em mente que, mesmo que as tarefas sejam simples, talvez elas necessitem de ajuda. É preciso entender suas limitações e apoiá-las. Se a criança parecer desinteressada ou fizer "corpo mole", converse com ela e a incentive a cumprir o combinado, tudo com diálogo, amor e respeito.

NÃO FAÇA O QUE EU DIGO, FAÇA O QUE EU FAÇO

Não esqueça que a criança aprende pelo exemplo. Não adianta mandar guardar os brinquedos se o que ela vê são nossas roupas, sapatos e livros espalhados pela casa. A criança vai dar valor às atitudes que observa, e não às ordens que lhe são dadas. Nosso primeiro passo é ser organizado.

ABRAM ALAS PARA A TRUPE DA LIMPEZA!

Uma faxina nunca será a mesma com a presença de crianças, não é mesmo? Respeite essa fase, curta o momento. Aproveite para passar um tempo com a prole. Elogie sempre que elas concluírem algo, mesmo que não esteja "100%" (afinal, o que está?). Lembre que elas estão aprendendo e nosso incentivo é muito importante! Transforme esse momento em algo lúdico. A criança precisa entender (assim como nós) que as tarefas são necessárias, mas também podem ser divertidas.

O QUE PODEMOS FAZER?

Cada criança tem seu tempo, e cada casa tem seu ritmo, mas reuni algumas sugestões de atividades que podem ser realizadas pelos pequenos a partir de cada idade, conforme o nível de autonomia para desempenhar as funções. Você pode começar convidando para fazerem juntos, e, em breve, eles já estarão acostumados a realizar sua parte sozinhos.

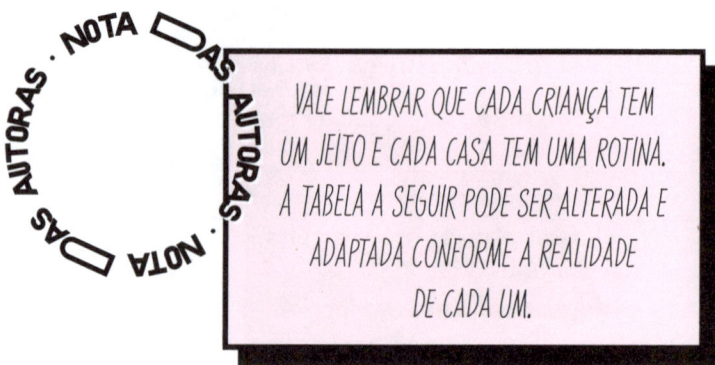

NOTA DAS AUTORAS

VALE LEMBRAR QUE CADA CRIANÇA TEM UM JEITO E CADA CASA TEM UMA ROTINA. A TABELA A SEGUIR PODE SER ALTERADA E ADAPTADA CONFORME A REALIDADE DE CADA UM.

TABELA DE ATIVIDADES DOMÉSTICAS PARA OS PEQUENOS

2 E 3 ANOS
→ Guardar os brinquedos
→ Guardar os sapatos
→ Tirar o prato da mesa
→ Colocar a roupa suja no cesto

4 E 5 ANOS
→ Arrumar a cama
→ Regar as plantas
→ Dar comida aos pets
→ Colocar a roupa na máquina

DE 6 A 8 ANOS
→ Lavar a própria louça
→ Tirar pó dos móveis
→ Ajudar a pendurar as roupas
→ Passar aspirador ou varrer pequenos espaços

DE 9 A 13 ANOS
→ Tirar a roupa do varal, dobrar e guardar
→ Lavar toda a louça
→ Arrumar o quarto
→ Guardar as compras
→ Tirar o lixo
→ Dar banho no cachorro

A PARTIR DE 14 ANOS
→ Pôr a roupa na máquina para lavar
→ Preparar refeições
→ Arrumar a cozinha
→ Passar aspirador ou varrer a casa inteira
→ Passar pano na casa inteira

3. O CRONO-GRAMA DA FAXINA

Preencher um quadro com as principais tarefas, mesmo que você não consiga executar todas, te dá um norte e te ajuda a não se perder em meio a tantas atribuições. Faça uma lista e distribua os afazeres pelos dias da semana conforme a sua disponibilidade e a dos outros membros da sua casa. Com um cronograma em mãos, é muito mais fácil se organizar.

TAREFAS ESSENCIAIS X TAREFAS COMPLEMENTARES

Nessa rotina, há tarefas essenciais, que devemos executar todos os dias ou em frequência maior — caso contrário, elas podem se acumular e gerar caos. Entre elas, arrumar a cama, varrer ou aspirar, lavar e guardar a louça, tirar o lixo e limpar os cômodos. Uma arrumação diária para a casa não ficar bagunçada.

Outras tarefas costumam ser executadas conforme a necessidade de cada um, podendo ser encaixadas ao longo da semana ou do mês. Alguns exemplos: limpar e organizar armários e guarda-roupas; lavar e passar a roupa; limpar a geladeira; separar itens que não são mais usados (vamos dedicar uma seção inteirinha ao desapego); verificar a validade dos produtos e alimentos. Limpezas mais pesadas, como a de ralos e sifões ou a lavagem de tapetes e cortinas, podem ser feitas a cada seis meses.

O **Cronograma da Faxina** vai ajudar você a planejar cada um desses objetivos e a lembrar alguns pontos que costumamos esquecer.

CRONOGRAMA DA FAXINA

TODOS OS DIAS

→ Arrumar a cama
→ Tirar a bagunça do caminho
→ Organizar pias e bancadas
→ Varrer ou aspirar
→ Lavar a louça e limpar superficialmente o fogão
→ Passar pano ou mop
→ Fazer uma limpeza básica do banheiro
→ Esvaziar lixeiras

TODA SEMANA

→ Trocar a roupa de cama e banho e a toalha de mesa
→ Lavar roupas
→ Passar roupas (se quiser)
→ Tirar pó dos móveis
→ Lavar o chão da cozinha e do banheiro
→ Limpar o fogão
→ Limpar o micro-ondas
→ Limpar eletrodomésticos
→ Limpar espelhos
→ Lavar o vaso
→ Lavar o boxe
→ Lavar a pia
→ Lavar a lixeira

DE 15 EM 15 DIAS

→ Passar a vassoura nas paredes
→ Limpar ventiladores e/ou o filtro do ar-condicionado
→ Limpar portais
→ Limpar interruptores
→ Limpar janelas
→ Aspirar ou bater o sofá
→ Aspirar ou varrer o tapete
→ Aspirar ou bater colchão e travesseiros
→ Limpar a geladeira
→ Limpar o tanque

1 VEZ POR MÊS

→ Limpar a máquina de lavar
→ Limpar e organizar armários e guarda-roupas
→ Separar itens que não são mais usados (desapego)
→ Verificar a validade dos produtos e alimentos

DE 6 EM 6 MESES

→ Lavar tapetes e cortinas
→ Limpar ralos e sifões
→ Tirar a tralha da casa toda, colocando para fora itens que não serão mais utilizados

1 VEZ POR ANO

→ Dedetizar ambientes
→ Chamar encanador e verificar possíveis vazamentos

NOTA DAS AUTORAS

ESSE CRONOGRAMA É PARA AUXILIAR NA HORA DE ARRUMAR A CASA. ELE NÃO PRECISA SER SEGUIDO À RISCA E PODE SER ALTERADO E ADAPTADO CONFORME A NECESSIDADE DE CADA UM.

4. ARSENAL DA LIMPEZA

Antes de partir para o ataque, vale a pena se munir de produtos, utensílios e eletrodomésticos que podem facilitar na hora da faxina e ajudar a economizar tempo.

Não podemos esquecer os itens mais tradicionais, que não podem faltar no dia a dia:

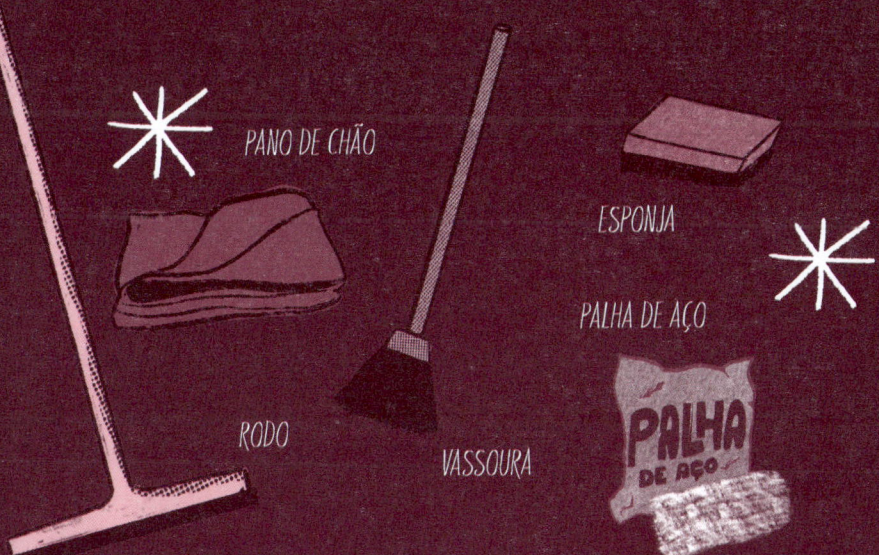

Todos precisam ser de boa qualidade (e isso não quer dizer necessariamente o mais caro) para garantir a eficiência na limpeza.

VOCÊ NÃO PRECISA DE VÁRIOS PRODUTOS PARA UMA LIMPEZA EFICAZ

Desapegue do conceito de casa cheirosa = casa limpa. Isso é uma jogada da indústria da limpeza para vender mais. A questão é: quanto mais produtos forem usados, mais processos deverão ser executados e mais tempo terá que ser dedicado às tarefas domésticas. Foque nos produtos básicos, como álcool 70%, detergente neutro e água sanitária. Para quem gosta dos produtos naturais, tenha sempre à mão a santíssima trindade da limpeza: vinagre, limão e bicarbonato de sódio. E lembre-se de comprar com consciência: só adquira o que realmente faz sentido para você e para sua rotina.

UMA DICA MEIO ÓBVIA, MAS QUE VALE REFORÇAR: TENHA SEMPRE EM MENTE QUE **A ÁGUA É O SOLVENTE UNIVERSAL** — NA DÚVIDA, DEIXE NA ÁGUA!

A seguir, listo outros itens que podem ser verdadeiros aliados na faxina:

PRODUTOS

VINAGRE DE ÁLCOOL: um coringa na limpeza — limpa pisos e vidros e até elimina o mofo. Com alta concentração de ácido acético, o vinagre funciona como desinfetante e desengordurante.

ÁLCOOL: o melhor e mais utilizado para a limpeza doméstica é o álcool com 70% de pureza. Ele oferece o melhor efeito bactericida, pois consegue penetrar de forma mais eficiente na célula da bactéria. Em tempos de pandemia, virou nosso melhor amigo.

DETERGENTE NEUTRO: excelente para limpeza de gordura de origem animal ou vegetal em cozinhas, banheiros ou qualquer ambiente com superfícies laváveis. Considero o neutro melhor por não conter corantes em sua composição, então há menos chance de causar algum tipo de alergia.

LUSTRA-MÓVEIS: dá brilho intenso, garante a proteção dos móveis contra manchas de água e deixa um perfume agradável. Embora a maioria das pessoas utilize somente em madeira, ele pode ser aplicado em diversas superfícies.

BICARBONATO DE SÓDIO: pode ser um forte aliado na faxina. Serve para limpar o fogão, tirar odores da geladeira, desencrostar fundo de panela e deixar as roupas brancas menos encardidas.

SAPÓLIO CREMOSO: ótimo para limpar e polir metais brilhantes, como panelas e pias de inox, maçanetas e puxadores. Além disso, é indicado para limpezas mais pesadas, como de rejunte de banheiro, azulejos ou boxe (o sapólio cremoso é o principal produto para a execução da famosa técnica ninja do blindex, que ensino mais à frente).

ACESSÓRIOS

RODINHO DE PIA: ótimo para finalizar a limpeza da pia depois de lavar aquela pilha de louças. É mais prático que o pano pelo simples fato de não precisar ser torcido depois de utilizado. E é multiúso: serve para janelas, azulejos e blindex do banheiro.

ESCOVINHA: indispensável para limpar cantinhos que a esponja não alcança e perfeita para esfregar rejuntes. Existem vários modelos e marcas disponíveis no mercado, mas você pode improvisar com uma escova de dentes.

FLANELA E PANOS MULTIÚSO: o pano multiúso é uma mão na roda. Serve tanto para higienizar a pia da cozinha quanto para tirar poeira de móveis. Além disso, seu material sintético ajuda a reduzir o esforço na execução da tarefa, então ganhamos mais tempo durante a limpeza. Contém agentes desinfetantes em sua composição, que controlam a proliferação microbiana. Após o uso, deve ser lavado com água e sabão neutro, pois assim ganha mais vida útil.

BORRIFADOR: um dos meus itens favoritos. Facilita muito na hora da aplicação dos produtos de limpeza e ajuda a economizar — é um ótimo aliado contra o desperdício. Quanto mais borrifadores, melhor!

PAPEL-TOALHA: pode ser usado para finalizar a limpeza de fogão, geladeira, micro-ondas e até mesmo vaso sanitário. Para deixar vidros, espelhos, mármores e porcelanatos um brilho só, experimente enxugar com papel-toalha depois da limpeza.

ESPONJA MÁGICA: ela tem uma camada branca que é, na verdade, um produto de limpeza. Basta um pouquinho de água para fazer todo o serviço. Com o tempo, a parte branca vai se desfazendo, e você pode reaproveitar a parte azul. Pode ser utilizada na remoção de sujeiras, riscos de giz de cera e lápis de cor e marcas de mãos em paredes, por exemplo.

MOP: sei que ainda tem gente que prefere a boa e velha dupla pano de chão e rodo, mas o que mais gosto do mop é que não precisa botar a mão no pano sujo. Já vem com um balde para colocar água e torcer, perfeito! Assim ele sai bem enxuto, o que faz com que o chão seque rápido. É ideal principalmente para limpar a casa no inverno, quando tudo demora mais para secar. Há também um modelo com spray, que possui um reservatório para o produto de limpeza ser borrifado enquanto se passa o pano. O bom é que o pano pode ser trocado, e existem opções para cada tipo de piso.

Aspirador de pó: há diversos modelos no mercado, dos mais robustos aos mais compactos. Todos são bem práticos, pois na maioria das vezes aspirar é mais eficiente que varrer. O aspirador vertical é um ótimo investimento: além de ocupar pouco espaço, no geral são bem leves e pouco barulhentos. Alguns modelos são dois em um e viram um aspirador portátil sem o cabo extensor, que pode ser usado em cantos e sofás, por exemplo.

Escada: nada de subir em banquinhos ou cadeiras para alcançar lugares mais altos! O mais seguro e correto é fazer uso de escadas para chegar aos pontos de difícil acesso na hora da limpeza. Além disso, a escada pode servir de apoio para os demais itens do nosso arsenal: deixa os produtos e acessórios ao alcance das mãos e nos poupa de ficar abaixando e levantando (o que, convenhamos, acaba com a nossa coluna).

Nota das autoras:

TODOS OS ITENS CITADOS SÃO APENAS SUGESTÕES. ELES PODEM SER SUBSTITUÍDOS DE ACORDO COM A PREFERÊNCIA E A REALIDADE DE CADA UM.

5. FAÇA VOCÊ MESMO: RECEITAS CASEIRAS (E PARA QUE SERVEM)

As fórmulas preparadas em casa são uma ótima maneira de economizar — e assim também criamos o hábito de diminuir o uso de produtos industrializados, com químicos que agridem o meio ambiente e a nossa saúde. É possível fazer uma limpeza eficiente com menos produtos e processos. Sei que nem todo mundo é adepto das misturinhas, então vale dizer que já existem no mercado algumas opções de produtos veganos que são ótimos e seguros. Mas quem preferir pode improvisar com itens que muitas vezes temos em casa mesmo. Só devemos ter atenção ao fazer receitas caseiras — alguns produtos jamais devem ser combinados, pois a reação química é extremamente perigosa.

> **NOTA DAS AUTORAS**
>
> NUNCA MISTURE CLORO E VINAGRE! A COMBINAÇÃO É ALTAMENTE TÓXICA (E QUASE LETAL)!

Tendo isso em mente, mãos à obra!

LIMPA-REJUNTE

Esta receita pode ser usada em rejuntes no geral: de cozinha, banheiro e onde mais houver necessidade.

Você vai precisar de:

- ½ copo de suco de limão
- 1 copo de água
- Um borrifador
- 1 colher (sopa) de bicarbonato de sódio
- ½ copo de vinagre de álcool

Como fazer:

No borrifador, despeje a água e o suco de limão. Em um copo à parte, coloque o bicarbonato e, em seguida, o vinagre. Essa mistura vai efervescer (como um sal de frutas). Aguarde essa reação terminar. Depois que o bicarbonato descer para o fundo do copo, despeje a mistura cuidadosamente no borrifador. Para usar, basta borrifar no rejunte, aguardar um pouco, esfregar e enxaguar em seguida.

LIMPA-PISOS

Esta receita pode ser usada na maioria dos pisos, mas atenção a pisos de madeira e laminados, para os quais devem ser seguidas as recomendações do fabricante.

VOCÊ VAI PRECISAR DE:

- 120 ml de vinagre de álcool
- 120 ml de álcool
- 4 gotas de detergente neutro
- 15 gotas de óleo essencial (opcional)

COMO FAZER:

Dissolva os ingredientes em um balde com 1 litro de água. Umedeça um pano limpo na solução. Passe o pano no chão como de costume.

LIMPADOR MULTIÚSO

Esta receita pode ser usada em MDFs, vidros, espelhos e outros materiais, mas evite borrifar diretamente na superfície.

VOCÊ VAI PRECISAR DE:

- 1 colher (chá) de detergente neutro
- 250 ml de vinagre de álcool
- 250 ml de álcool
- 1 colher (chá) de lustra-móveis
- Um borrifador

COMO FAZER:

Coloque todos os ingredientes em um borrifador e agite até que a mistura fique homogênea. Armazene longe da luz e do calor. A validade é de seis meses.

ÁGUA DE LENÇOL

Esta mistura serve para deixar aquele cheirinho bom na roupa de cama. Pode ser aplicada em lençóis, fronhas, cobertores, cortinas e edredons.

VOCÊ VAI PRECISAR DE:

- Um borrifador
- 50 ml de amaciante
- 200 ml de álcool
- 200 ml de água

COMO FAZER:

No borrifador, coloque o álcool, a água e o amaciante. Agite para misturar bem.

NOTA DAS AUTORAS

AGORA QUE VOCÊ JÁ É EXPERT NAS MISTURAS, SEPARE OS PRODUTINHOS, AUMENTE O SOM DA SUA PLAYLIST E DEIXE A SUA CASA DO JEITO QUE VOCÊ SEMPRE QUIS: LIMPINHA E ORGANIZADA.

PARTE 3

MÃOS À OBRA

Agora que já nos preparamos mentalmente, chegou a hora de colocar em prática as dicas para deixar a casa tinindo. Já falamos aqui que há tarefas que devem ser executadas todos os dias e outras que podem ser mais esporádicas. A partir de agora, vou ajudar você a destrinchar os afazeres do dia a dia e dividir as tarefas por cômodos. Sugiro reservar um dia para cada ambiente da casa, mas vale lembrar que você deve fazer o que for possível no seu tempo e de acordo com a sua vontade — tem dias em que a gente tem muitas outras coisas para resolver ou não consegue nem pensar em limpar a casa. E tudo bem. É só ir adaptando, até se tornar um craque da faxina.

Essa divisão também vai te ajudar a tirar dúvidas específicas sobre o que você decidir fazer no dia. É dia de faxina na cozinha? Pode seguir direto para esse capítulo e checar aquela dica marota de como limpar o micro-ondas. Em cada capítulo (ou cômodo), indico os produtos e itens do nosso arsenal da limpeza de que você provavelmente vai precisar, além de um passo a passo, dicas e truques para cada espaço. Destaco também lugares ou pontos dos quais nem sempre nos lembramos, mas que não devem ficar de fora da nossa superfaxina. Tudo pronto para arregaçar as mangas? Então mãos à obra!

1. TODO DIA

COMO ORGANIZAR SEU DIA PARA OTIMIZAR O TEMPO

Seguir um checklist diário vai ajudar na manutenção das tarefas e impedir que elas se acumulem. Essas pequenas iniciativas são suficientes para deixar a casa com cara de organizada e limpa, o que já alivia bastante aquela sensação de caos. O checklist leva em média trinta minutos para ser executado, mas, aos poucos, com prática, esse tempo pode ser reduzido. Se você não achar necessário fazer alguma das tarefas a seguir todos os dias, sem problemas! Há casas com menos circulação de pessoas, por exemplo, em que todo esse processo não precisa ser diário, podendo ser feito em dias intercalados.

CHECKLIST DIÁRIO

- ☐ Arrumar a cama
- ☐ Varrer ou aspirar
- ☐ Passar pano ou mop
- ☐ Esvaziar lixeiras
- ☐ Organizar pias e bancadas
- ☐ Tirar a bagunça do caminho
- ☐ Lavar a louça e limpar o fogão
- ☐ Fazer uma limpeza básica do banheiro

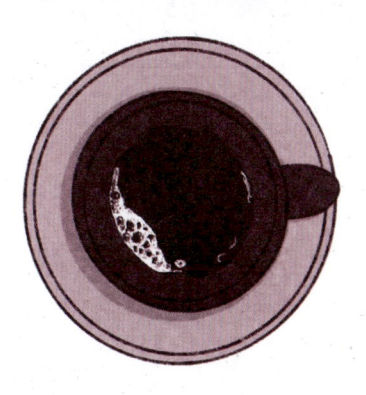

ACORDE E SINTA O CHEIRO DO CAFÉ!

Mas acorde de verdade, sem ativar a função soneca. Movimente-se! Ao se levantar, troque logo de roupa — assim você se livra da sensação de que a qualquer momento pode voltar para a cama. A propósito, arrume sua cama assim que se levantar. Dessa forma, você já cumpre a primeira tarefa do dia. Isso te dará motivação para seguir adiante com as próximas e concluir tarefas maiores ao longo do dia. Se for a sua praia, tome uma boa xícara de café para ajudar a despertar.

TRUQUES DE LIMPEZA QUE NINGUÉM TE CONTA

Antes de começar, tenha em mente estas dicas, que vão ajudar no processo.

1. SIGA UMA ORDEM DE LIMPEZA. De cima para baixo (ou seja, do teto para o chão) e do fundo da casa em direção à porta da frente.

2. ALGUNS CÔMODOS DEVEM TER SEU PRÓPRIO PANO DE CHÃO. Reserve um só para a cozinha e outro só para o banheiro.

3. PARA LIMPAR O CHÃO, USE DETERGENTE NEUTRO.

4. NÃO REGUE AS PLANTAS DEPOIS DE LIMPAR O CHÃO. A água que sai dos vasos pode manchar o piso.

5. LIMPADORES MULTIÚSO SÓ DEVEM SER APLICADOS EM SUPERFÍCIES LAVÁVEIS, como cerâmicas e plásticos. Não utilize em madeiras ou metais.

6. CADA UM NO SEU QUADRADO. Alguns produtos podem danificar determinadas áreas. O álcool **NÃO DEVE SER USADO EM SUPERFÍCIES EMBORRACHADAS, POIS ENRIJECE OS MATERIAIS.**

Já o cloro é corrosivo e **DEVE SER EVITADO EM SUPERFÍCIES METÁLICAS** (como aço inox e ferro).

7. NÃO USE SABÃO EM PÓ NOS PISOS. A superfície parecerá limpa, mas estará cheia de microburacos, que passarão a acumular sujeira. Além disso, ele tira o brilho do piso.

8. PALHA DE AÇO ENFERRUJA. A limpeza com esse tipo de material deve ser feita com cautela, para não haver estragos. Se deixarmos fiapos da palha, a superfície será danificada.

2. DIA 1: SALA

Costumo dizer que a sala é o nosso cartão de visitas. É praticamente a recepção do nosso lar, onde passamos boa parte do tempo, recebemos pessoas e reunimos a família. É, na maioria dos casos, o primeiro lugar com o qual damos de cara ao chegar em casa. Portanto, é de se esperar que esse cômodo seja aconchegante e acolhedor. Então, para o bem da nossa sanidade mental e felicidade geral da nação, é bom que esteja sempre limpo e organizado. E é possível fazer isso de forma prática e rápida com o checklist a seguir.

CHECKLIST DA SALA

- ☐ Passar a vassoura na parede
- ☐ Limpar o ventilador
- ☐ Limpar janelas
- ☐ Limpar portais e interruptores
- ☐ Tirar pó dos móveis
- ☐ Bater ou aspirar o sofá
- ☐ Varrer ou aspirar tapete e chão
- ☐ Passar pano ou mop no chão e nos rodapés

ITENS QUE PROVAVELMENTE VOCÊ VAI USAR NA SALA

→ Multiúso caseiro nos móveis e nas janelas (receita na pág. 42)

→ Limpa-pisos caseiro no chão (receita na pág. 41)

→ Aspirador de pó ou vassoura

→ Mop ou pano

→ Flanela

ATENÇÃO: Todos os produtos ou misturas caseiras sugeridos aqui podem ser substituídos de acordo com a preferência e a realidade de cada um.

Para nossa sorte, a sala é um dos cômodos mais fáceis de cuidar. Maaaaas... tudo depende. Sempre digo que, quando vamos montar ou construir uma casa, devemos pensar muito no depois. A gente vê as coisas e vai se empolgando, achando tudo muito lindo — um espelhão, um porcelanato, uma janela enoooorme... Só que na hora a gente não pensa em como vai limpar aquilo depois. E aí sobra para quem? Então, uma sugestão que eu dou é: menos é mais. Antes de encher as estantes de enfeites e bibelôs, lembre que, quanto mais coisas você tiver, mais tempo vai passar limpando (e isso vale para todos os cômodos).

O primeiro passo é recolher todos os objetos que estão espalhados e guardá-los no devido lugar. Depois, comece a limpeza de cima para baixo: se tiver ventilador de teto, comece por ele. Em seguida, passe uma vassoura nas paredes para tirar teias de aranha, traças ou qualquer vestígio de sujeira. Passe para as janelas. Se tiver cortinas, é a hora delas. Pode aspirar, bater ou tirar para lavar. Na sequência, vá limpando os móveis e, por fim, as partes de baixo: sofá, tapetes e chão.

Para limpar estantes, mesas ou espelhos, você pode usar o multiúso caseiro ou outro produto de sua preferência. Borrife no pano para fazer a limpeza da área e finalize com outro.

Para o chão, use o limpa-pisos caseiro no pano ou no mop e depois tire o excesso com um pano limpo. Se preferir um produto industrializado, basta seguir as instruções no rótulo.

COMO LIMPAR VENTILADORES

DE TETO:

→ Use uma escada para alcançar o ventilador

→ Com um pano levemente úmido, quase seco, retire o excesso de pó das pás

→ Borrife o produto de sua preferência em um pano limpo

→ Passe nas pás

DE CHÃO:

→ Tire o ventilador da tomada

→ Com cuidado, retire as grades do ventilador. Se possível, retire as hélices também

→ Lave as grades e as hélices no chuveiro (sim, o chuveiro costuma ter mais espaço que um tanque ou pia)

→ Seque as peças com um pano ou deixe secar naturalmente na sombra (deixar ao sol pode fazer com que as peças — que costumam ser de plástico — fiquem frágeis ao longo do tempo)

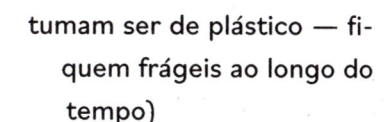

→ Certifique-se de que as peças estão totalmente secas antes de remontar o ventilador

COMO LIMPAR JANELAS

Limpeza de manutenção:

- → Com um pano, retire o excesso de pó
- → Borrife o produto desejado em um pano limpo
- → Limpe os vidros
- → Com uma esponja ou escovinha, limpe os trilhos (se sua janela tiver)
- → Se houver necessidade, finalize passando outro pano limpo nos vidros e trilhos

Limpeza pesada:

- → Com um pano, retire o excesso de pó
- → Coloque um pouco de detergente em uma esponja e esfregue os vidros
- → Com um rodinho, tire o excesso de espuma
- → Com uma esponja ou escovinha, limpe os trilhos (se sua janela tiver)
- → Finalize passando um pano limpo nos vidros e trilhos

Evite limpar as janelas na hora em que o sol estiver batendo nelas, pois a luz solar em contato com os produtos de limpeza pode causar manchas.

COMO LIMPAR MÓVEIS EM GERAL

→ Com um pano, tire o excesso de pó

→ Borrife o produto de sua preferência em um pano limpo (evite borrifar as substâncias diretamente nas superfícies para não causar manchas)

→ Limpe a área desejada

→ Se necessário, finalize passando outro pano limpo em toda a superfície

NÃO SE ESQUEÇA

TOMADAS E INTERRUPTORES DE LUZ

As tomadas e os interruptores são os itens mais esquecidos na hora da limpeza. Ao acender e apagar as luzes, várias mãos passam por eles todo dia e podem trazer muitos germes. Molhe um pano em água com um pouco de detergente neutro e álcool ou vinagre. Torça bem o pano e limpe as áreas desejadas (cuidado para não deixar entrar água nas tomadas).

PORTAIS E MAÇANETAS

Os portais, que emolduram as portas e janelas, também não devem ser esquecidos, pois há bastante acúmulo de poeira nessas áreas. E nem preciso lembrar que as maçanetas precisam de atenção especial, já que várias mãos passam por elas diversas vezes ao dia, não é mesmo? Para limpar ambos, você pode usar um pano úmido com o multiúso caseiro (ou outro similar) e passar nas superfícies.

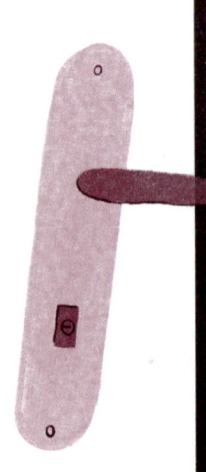

NÃO SE ESQUEÇA

SOFÁS

Sofás de camurça ou microfibra costumam ficar meio "gordurosos" com o tempo. Para evitar isso, escove-os regularmente com uma escova de cerdas macias — especialmente na borda do assento e nas costas. Lencinhos umedecidos (como esses de bebê mesmo) e xampu suave também são eficazes! Mesmo assim, leia as instruções de manutenção fornecidas pelo fabricante.

CONTROLES REMOTOS

Controles de TV, videogame e aparelho de som passam constantemente de mão em mão, acumulando muitos germes, micróbios e sujeira, que, particularmente, adoram as superfícies plásticas. Portanto, não se esqueça de limpá-los regularmente com pano úmido e sabão ou álcool em gel.

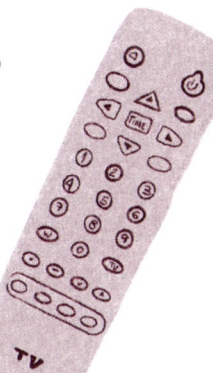

DICAS E TRUQUES PARA A LIMPEZA DA SALA

DICA 1: COMO ELIMINAR ODORES NO SOFÁ

Para a mistura caseira, você vai precisar de:

→ ¼ de copo de álcool

→ 1 colher (sopa) de amaciante

→ 1 litro de água

→ ½ copo de vinagre de álcool

→ 1 colher (sopa) de bicarbonato de sódio

Em um borrifador, misture o álcool, o amaciante e a água. Em um copo à parte, coloque o bicarbonato e o vinagre. Como você já sabe a esse ponto, a mistura vai efervescer, então, depois que a reação terminar, espere o bicarbonato descer para o fundo do copo e despeje cuidadosamente essa mistura no borrifador (passe por uma peneira antes, pois possíveis resíduos de bicarbonato podem entupir o borrifador). Aplique no sofá a uma distância de 40 centímetros.

Esse procedimento é válido apenas para peças em tecido. *É IMPORTANTE SE LEMBRAR DE SEMPRE VERIFICAR A ETIQUETA DO SOFÁ ANTES DE QUALQUER LIMPEZA.*

DICA 2: COMO LAVAR CORTINAS

→ Comece aspirando as cortinas usando o bocal de escova do aspirador de pó para tirar o excesso de sujeira.

→ *RETIRE TUDO QUE FOR REMOVÍVEL*: argolas, acessórios etc.

→ Se ela estiver muito suja, deixe de molho em água com sabão em pó por cerca de 40 minutos.

→ *LEVE APENAS A CORTINA À MÁQUINA* (sem o forro ou quaisquer outras peças, como roupa de cama e vestimentas) e proteja suportes, rendados e argolas que não forem removíveis usando um saco para peças sensíveis (há modelos à venda em lojas de utilidades) ou uma fronha.

→ Lave de acordo com as instruções na etiqueta da cortina. *NÃO USE ÁGUA QUENTE* se não for recomendado.

→ Para não estragar o rendado nem danificar sua máquina com as batidas de peças mais duras, não centrifugue.

→ *NÃO USE AMACIANTE.*

→ Deixe a cortina secar naturalmente, estendida para que ela possa desenrugar.

DICA 3: SOLUÇÕES CASEIRAS, NATURAIS E INOFENSIVAS PARA SE LIVRAR DO MOFO

ÁGUA OXIGENADA. Para retirar a umidade de maneira mais eficaz, a água oxigenada deve ser utilizada pura. Passo a passo: 1) Ponha a água oxigenada 10 volumes em um borrifador. 2) Aplique nas áreas afetadas pela umidade. 3) Deixe o produto agir por 15 minutos. 4) Remova com uma esponja ou escova.

BICARBONATO DE SÓDIO. Esse item tem propriedades abrasivas e antibacterianas, além de ser clareador e desodorizante. Passo a passo: 1) Misture um pouco de bicarbonato com suco de limão ou água. 2) Aplique essa mistura nas manchas de umidade. 3) Deixe agir por até meia hora. 4) Retire a mistura esfregando com uma escova.

SAL. Esse ingrediente garante fácil absorção da umidade, criando uma barreira de proteção contra o desenvolvimento do mofo. Passo a passo: 1) Coloque 1 quilo de sal em um recipiente largo. 2) Deixe esse recipiente no meio dos espaços mais úmidos da casa. 3) Troque o sal quando ele escurecer: essa mudança é um sinal de que o ingrediente não vai conseguir absorver mais nada.

VINAGRE DE ÁLCOOL. Bastante ecológico, age contra os microrganismos que se aproveitam da umidade. Passo a passo: 1) Junte partes iguais de vinagre e água em um borrifador. 2) Aplique a mistura no teto e nas paredes com umidade e deixe a solução agir por 20 minutos. 3) Remova as manchas com uma esponja ou um pano de microfibra úmido.

3. DIA 2: BANHEIRO

Costumo brincar que o banheiro é um dos cômodos mais temidos e incompreendidos da casa (há quem diga que é a cozinha, a disputa é acirrada nesse quesito). As pessoas geralmente não gostam de lidar com ele, acham chato limpar e sempre fogem do pobrezinho, o que faz com que as coisas se acumulem e a tarefa realmente passe a ser um pouco mais trabalhosa do que deveria. Mas a verdade é que limpar o banheiro é mais simples do que parece — e eu posso provar! Não tem a ver com esforço, e sim com jeito. Ele só precisa de um pouquinho de atenção e paciência, vou te mostrar. Seguindo este checklist, não vai ter mais erro na hora de dar aquele trato nesse tão injustiçado espaço da casa.

CHECKLIST DO BANHEIRO

- ☐ Limpar paredes e interruptores
- ☐ Limpar janelas
- ☐ Limpar espelhos
- ☐ Lavar a pia
- ☐ Lavar a privada
- ☐ Lavar o boxe
- ☐ Varrer ou aspirar o chão
- ☐ Lavar o chão ou passar pano
- ☐ Lavar a lixeira

ITENS QUE PROVAVELMENTE VOCÊ VAI USAR NO BANHEIRO

→ Multiúso caseiro no espelho e na pia (também pode ser usado no exterior do vaso sanitário — receita na pág. 42)

→ Limpa-rejunte caseiro (receita na pág. 40)

→ Sapólio cremoso para o blindex

→ Detergente neutro para lavar blindex, piso, paredes e interior do vaso sanitário

→ Limpador sanitário para o interior do vaso

→ Rodinho de pia

→ Esponja

→ Vassoura

→ Mop ou pano

→ Flanela

Aqui vale o mesmo mantra dos outros cômodos: comece reunindo as coisas que estão espalhadas e guarde no devido lugar, seja em gavetas ou armários. Depois de uma rápida organização, retire tudo o que puder para deixar o espaço livre: toalhas, tapete, lixeira (aproveite para jogar o lixo fora).

UMA DICA: JÁ DEIXE O VASO SANITÁRIO DE MOLHO COM O PRODUTO DE SUA PREFERÊNCIA PARA QUE ELE VÁ AGINDO ENQUANTO VOCÊ CUIDA DA JANELA (SE TIVER) E DO BOXE.

Comece pelos vidros — pode utilizar um multiúso caseiro ou outro produto equivalente. Lembre-se de seguir de dentro para fora: primeiro limpe o boxe, para depois atacar vaso sanitário, pia e bancada.

TÉCNICA NINJA DO BLINDEX

Esse é um dos segredos mais eficientes e cobiçados da mentoria, que divido aqui com você. Quem já fez o teste garante que não volta atrás! A técnica é superfácil e rápida e não precisa de força alguma para deixar seu boxe brilhando. Porém, ela não remove manchas antigas, como de cloro — para quem não sabe, a água sanitária deixa o vidro manchado e embaçado, e a única solução é trocá-lo, portanto fuja dela!

VOCÊ VAI PRECISAR DE:

- → Detergente neutro
- → Desengordurante ou sapólio cremoso
- → Esponja
- → Rodinho de pia
- → Baldinho

PASSO A PASSO:

- → Umedeça o blindex com água.
- → Com o vidro molhado, espalhe o desengordurante ou sapólio cremoso em toda a superfície.
- → Se tiver muita sujeira acumulada, deixe o produto agir um pouco e aproveite para fazer outras tarefas. Por exemplo, esfregue o chão do

boxe e os rejuntes com uma esponja e detergente neutro.

→ Depois de deixar o sapólio agir, use a esponja com detergente neutro para esfregar o blindex (caso ele não esteja muito sujo, pode pular direto para este passo).

→ Com um rodinho, retire toda a espuma.

→ Use um baldinho para jogar água no blindex e finalizar a limpeza.

→ Se achar necessário, use o rodinho para tirar o excesso de água.

Depois do boxe, passe para a parte de fora: comece limpando o espelho e a bancada com um multiúso caseiro ou equivalente. Depois, siga para o vaso sanitário (veja o passo a passo a seguir). Na sequência, você vai esfregar e enxaguar o chão. Para isso, pode utilizar só detergente neutro (não indico sabão em pó, pois pode desgastar e estragar seu piso). Não se esqueça de limpar também interruptores e porta. Por fim, basta retirar qualquer resíduo de água com um pano seco e reorganizar o banheiro com lixeira, tapete e toalhas limpos.

LIMPANDO O VASO SANITÁRIO EM SETE PASSOS

1. Aplique um limpador sanitário de sua preferência no interior do vaso e deixe agindo.

2. Borrife um multiúso de sua preferência em ambos os lados do assento e da tampa, além de na parte externa do vaso.

3. Na área de fixação do assento e nos cantinhos mais estreitos, esfregue com uma escovinha.

4. Use um pano limpo e úmido para toda a parte externa do vaso e depois passe outro pano para tirar os resíduos do produto.

5. Com uma escova, esfregue bem a parte interna do vaso sanitário.

6. Dê descarga para enxaguar e aproveite para lavar a escovinha (se preferir, use a ducha, quando houver).

7. Deixe a escova secando presa no assento abaixado.

NÃO SE ESQUEÇA

ESCOVA SANITÁRIA

É essencial limpar a escovinha do banheiro usada no vaso sanitário. Mesmo assim, sempre passa batido, né? O ideal é, uma vez por semana, colocá-la em um balde, despejar um produto de limpeza (desinfetante, cloro ou água sanitária) e deixar de molho a noite toda. Você também pode aplicar o produto na base da escova e deixar fazendo efeito durante a noite.

TORNEIRAS E RALOS

Esses acessórios de pias e banheiras também costumam acumular sujeira e calcificação. Para limpar a torneira, deixe um pano com vinagre de álcool ao redor dela durante a noite. No dia seguinte, basta limpar com um pano úmido. Faça isso pelo menos uma vez por mês, e ela ficará novinha em folha. Nos ralos, basta usar vinagre de álcool ou algum produto equivalente.

DICAS E TRUQUES PARA A LIMPEZA DO BANHEIRO

COMO ACABAR COM OS MOSQUITINHOS

Para afastar os mosquitinhos, prevenir mau odor e desinfetar bem as tubulações do banheiro, a dica é recorrer ao vinagre de álcool com bicarbonato de sódio para lavar todos os ralos e a pia.

PASSO A PASSO: encha 1 colher (sopa) de bicarbonato e despeje diretamente nos locais indicados. Em seguida, aplique aproximadamente 1 xícara de vinagre e espere cerca de 5 minutos. Os dois produtos vão reagir (formando uma espuma), eliminando sujeiras, bactérias e até pele morta (que atraem os mosquitinhos). Para finalizar, jogue água quente e pronto! Essa também é uma ótima dica para desentupir tubulações!

Caso os insetinhos sejam insistentes no dia a dia, lembre-se de fazer essa limpeza todas as noites. Você também pode aplicar apenas o bicarbonato de sódio e deixar o poduto atuando durante algumas horas. Dessa forma, evita-se a reprodução dos mosquitinhos (que costumam deixar seus ovos no ralo).

4. DIA 3: QUARTO

O quarto é o nosso refúgio. Um canto para descansar e recarregar as energias após um longo dia de trabalho e afazeres. Ou até mesmo para fugir um pouco do caos que às vezes está no resto da casa (quem nunca?). Afinal, uma boa noite de sono é fundamental para uma vida saudável e para começar o dia com disposição. Mas não podemos baixar a guarda para inimigos invisíveis: os ácaros. Se não estivermos atentos, colchões, lençóis, edredons e travesseiros são territórios férteis para o acúmulo desses bichinhos, o que pode acabar causando alergias. Por isso, devemos dar uma atenção especial a esse cantinho. Siga estes passos para não se perder.

CHECKLIST DO QUARTO

- ☐ Passar a vassoura na parede
- ☐ Limpar ventilador e/ou o filtro do ar-condicionado
- ☐ Limpar janelas
- ☐ Limpar portais e interruptores
- ☐ Tirar pó dos móveis
- ☐ Bater ou aspirar colchão e travesseiros
- ☐ Varrer ou aspirar tapete e chão
- ☐ Passar pano ou mop no chão e nos rodapés

ITENS QUE PROVAVELMENTE VOCÊ VAI USAR NO QUARTO

→ Multiúso caseiro nos móveis e janelas (receita na pág. 42)

→ Limpa-pisos caseiro para o chão (receita na pág. 41)

→ Água de lençol em cortinas, lençóis, fronhas e edredons (receita na pág. 43)

→ Aspirador de pó ou vassoura

→ Mop ou pano

→ Flanela

Depois de juntar e guardar os objetos espalhados, siga a ordem de cima para baixo: comece limpando as paredes e, se tiver, o ventilador de teto ou o ar-condicionado (por fora), passando por janelas e cortinas. Em seguida, tire o pó dos móveis para depois passar para a cama (que já vai estar arrumada desde a hora em que você se levantou, lembra?). Se for dia de trocar os lençóis, sugiro deixar essa etapa por último, quando já estiver tudo limpo. Por fim, limpe o chão.

POR QUE DEVEMOS LIMPAR COLCHÃO E TRAVESSEIROS?

A limpeza desses companheiros de sono é muito importante e necessária, principalmente para pessoas que têm problemas respiratórios. No Brasil, os ácaros são os principais responsáveis por quadros de alergia respiratória, como rinite alérgica e asma. Esses bichinhos se alimentam principalmente de pele morta. Para prevenir que eles transformem nossa cama em seu habitat, é importante aspirar esses dois itens a cada quinze dias.

COMO LIMPAR O COLCHÃO: faça a aspiração dos dois lados, se possível. Não use a mesma boca do aspirador utilizada na limpeza geral — caso não tenha outra opção, lave bem antes de usar. As manchas na superfície podem ser removidas com um pano umedecido em água morna e vinagre de álcool. Deixe o colchão secar bem antes de colocar o lençol. Para evitar a passagem de líquidos para a espuma, considere forrá-lo com uma capa impermeável. É um ótimo investimento para preservar e aumentar a vida útil do seu colchão.

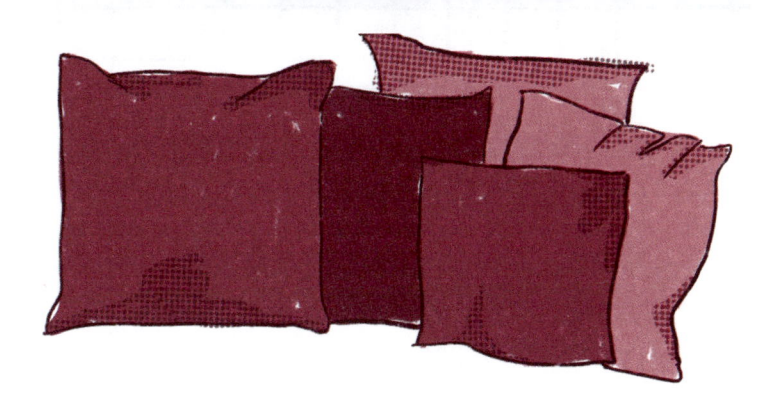

COMO LIMPAR OS TRAVESSEIROS: coloque o travesseiro dentro de um saco plástico e sugue com o aspirador de pó até retirar todo o ar de dentro. Isso vai ajudar a eliminar restos de pele morta e ácaros. Ao contrário do que se pensa, não é recomendado deixar os travesseiros debaixo do sol, porque o calor cria um ambiente favorável para a proliferação de microrganismos e bactérias. Basta tirar a fronha e deixá-los respirar em ambiente arejado, sem sol. Eles também não devem ser lavados (exceto os feitos de látex), por causa da dificuldade de secagem. Se for necessário, a limpeza pode ser feita a seco. Para finalizar, você pode usar a água de lençol caseira que já ensinei a preparar no capítulo de receitas caseiras, na pág. 43.

GUARDA-ROUPA

Não vou enganar ninguém: eu não sou a rainha da organização — sou muito melhor na limpeza. Mas, na hora de limpar o quarto, uma dica é dar aquela organizada básica no guarda-roupa para não deixar acumular. Dobre e guarde as roupas lavadas ou que estão para fora. Verifique também se tem alguma peça suja para colocar para lavar e guarde os sapatos no devido lugar.

DICAS E TRUQUES PARA A LIMPEZA DO QUARTO

COMO ELIMINAR ODORES NO COLCHÃO

SUOR: misture **½ copo de água morna, ½ copo de vinagre de álcool e 3 colheres (sopa) de bicarbonato de sódio**. Aplique essa solução em uma flanela e passe no colchão.

URINA: espalhe **bicarbonato de sódio** sobre a parte afetada e deixe agir por meia hora. Em seguida, misture **água morna e sabão em pó** e esfregue o colchão com o auxílio de uma esponja. Use um pano úmido para limpar essa mistura. Deixe o colchão secar sob o ventilador.

CIGARRO: espalhe **bicarbonato de sódio** sobre a cama e deixe agir por 8 horas. Retire o excesso usando o aspirador de pó. Outra opção é passar um pano umedecido com vinagre de maçã no colchão e deixar secar naturalmente.

MOFO: deixe o colchão tomando sol por algumas horas. Coloque algumas gotas de **óleo de melaleuca** (que tem propriedades antibacterianas) em um balde com **água morna** e use uma esponja para esfregar essa mistura sobre o colchão. Deixe o colchão secar totalmente antes de usá-lo.

5. DIA 4: COZINHA

Ah, a cozinha... o pesadelo de 99% das pessoas. Geralmente, é o cômodo que acumula mais sujeira, e alguns cantinhos ou eletrodomésticos de fato demandam mais atenção. O fogão, por exemplo: para quem cozinha todo dia e faz fritura, a gordura acumulada pode ser um verdadeiro terror. Mas, calma, não é preciso se desesperar! A limpeza da cozinha, bem como a do banheiro, não é tão ruim assim. É verdade que esse espaço exige mais esforço, mas, como todo o resto da casa, se organizar direitinho não fica pesado para ninguém. O truque é não deixar acumular as tarefas: quanto mais tempo você deixar passar para limpar um forno, mais difícil será depois, devido ao acúmulo de gordura e sujeira. Então vamos dar uma olhadinha no checklist e nas dicas para facilitar essa arrumação?

CHECKLIST DA COZINHA

- ☐ Limpar paredes e janelas
- ☐ Limpar portais e interruptores
- ☐ Limpar e organizar armários
- ☐ Limpar a geladeira
- ☐ Limpar o micro-ondas
- ☐ Limpar o fogão
- ☐ Limpar demais eletrodomésticos
- ☐ Varrer ou aspirar o chão
- ☐ Lavar o chão ou passar pano
- ☐ Lavar a lixeira

ITENS QUE PROVAVELMENTE VOCÊ VAI USAR NA COZINHA

→ Multiúso caseiro nos eletrodomésticos e armários (receita na pág. 42)

→ Limpa-rejunte caseiro (receita na pág. 40)

→ Sapólio cremoso

→ Detergente neutro para lavar o piso

→ Esponja

→ Vassoura

→ Mop ou pano

→ Flanela

Para não ficar muito puxado, não precisa fazer tudo no mesmo dia. Algumas tarefas podem ser divididas: se hoje você limpar os armários, pode deixar a geladeira para amanhã e o fogão para a outra semana. Mas o ideal é, como sempre, começar de cima para baixo, uma vez que a poeira do alto pode sujar o chão ou as bancadas, e de dentro para fora — primeiro dentro dos armários, depois as portas e assim por diante.

Sabemos que, no mundo perfeito da limpeza, o ideal é "sujou, lavou". Mas às vezes você está com pressa para sair de casa, ou o jantar acabou tarde e bateu aquela preguiça, aí acaba acumulando uma louça suja para o dia seguinte. Normal. Então vamos começar por aí — aproveite para guardar a louça que já estiver seca no escorredor ou no lava-louça. Lembrando que, para quem mora com mais gente, as tarefas podem — e devem — ser divididas, então, enquanto um cozinha, o outro pode ir lavando; enquanto um lava, o outro seca e guarda e por aí vai. Depois do trabalho feito, passe um pano ou rodinho para tirar o excesso de água.

Engana-se quem pensa que acabou por aí: a pia pode acumular sujeira nos cantinhos internos, que pode ser removida com água, vinagre de álcool e detergente neutro em uma escovinha própria — uma escova de dentes velha também dá conta do recado. "Ah, mas eu quero desinfetar." O detergente geralmente faz bem esse papel, mas você também pode usar álcool 70%. Eu não sou muito adepta da água sanitária por questões de segurança — já tive uma intoxicação fortíssima e hoje evito ao máximo, mas, se optar por usá-la, faça com cautela: uma colher de cloro para um litro de água é a medida indicada.

A verdade é que as bactérias estão por todos os lados, e o mais importante é ter cuidado com a contaminação cruzada: nunca use a mesma tábua e a mesma faca para cortar carnes cruas e, logo em seguida, verduras, por exemplo. Lave bem os utensílios entre cada corte ou uso.

ENTRANDO NO ARMÁRIO

De tempos em tempos, é bom dar uma organizada e limpar por dentro a despensa, os armários e as gavetas da cozinha, que costumam acumular poeira e podem ficar engordurados por fora. Essa manutenção pode ser feita quinzenalmente, de acordo com a necessidade da casa. Para isso, use um desengordurante ou multiúso tradicional de sua preferência — lembrando que algumas marcas mais conhecidas não são indicadas para materiais em MDF branco, pois podem deixar manchas e amarelar.

Mas, com a nossa receitinha poderosa de multiúso caseiro (na pág. 42), você não corre esse risco e a limpeza vai ficar perfeita. Pode confiar! Uma alternativa ainda mais simples é a misturinha de água com vinagre de álcool e detergente neutro (sempre ela), que pode ser usada em eletrodomésticos em geral.

Retire os utensílios ou alimentos e aplique a mistura em uma esponja para limpar por dentro. Antes de colocar tudo de volta, aproveite para verificar se há itens fora do prazo de validade ou que foram esquecidos e estão só ocupando espaço. Sempre tem aqueles potes sem tampa ou quebrados que podem ir para o lixo. Se você não está mais usando, é hora de fazer uma doação! É claro que algumas louças, apetrechos ou aparelhos acabam sendo usados apenas em ocasiões especiais, mas esses itens que não veem a luz com tanta frequência devem ser guardados nas partes mais altas do armário e os do dia a dia, nas partes de baixo.

FOGÃO SEM MISTÉRIOS

Eu adoro fazer feijão, mas é sempre um desastre por aqui. Meu pobre fogão fica irreconhecível depois. Para quem, como eu, gosta de cozinhar, vai ter que demorar um pouquinho na limpeza desse nosso querido parceiro. E adivinha o que você vai usar? Acertou quem pensou na nossa fórmula mágica: água + vinagre de álcool + detergente. Mas, Suhellen, isso serve para tudo? Sim, gente, esse multiúso caseiro é simples de fazer e é realmente um salvador! E pode ser usado em outros eletrodomésticos de inox, como geladeira e micro-ondas, para deixar tudo brilhando.

Antes de mais nada, certifique-se de que o fogão não está quente, para evitar queimaduras ou danos no material — alguns produtos, em contato com o calor, podem causar manchas. Se você tiver acabado de usá-lo, espere esfriar. Desligar da tomada antes de começar a limpeza também é uma boa ideia. Retire as grades (também chamadas de trempes, você sabia?), queimadores (bocas) e capas (as tampinhas pretas) e lave-os em água corrente com detergente. Se estiverem muito sujos, pode deixar as peças de molho em água morna (nunca mergulhe as peças ainda quentes em água fria, pois o choque térmico pode danificá-las). Com uma esponja macia, limpe a superfície do fogão e a parte externa e depois passe um pano úmido limpo para remover o excesso de sabão. Importante: não use palha de aço ou cloro nas áreas de inox — a palha só deve ser usada nas peças removíveis. E nem pense em usar facas ou objetos pontiagudos e cortantes para tirar alguma sujeira: eles podem riscar a superfície e até comprometer os vidros.

PARA REMOVER A GORDURA DO FOGÃO

Dilua ½ copo de vinagre de álcool em um copo de água e coloque a mistura num borrifador. Aplique sobre a superfície engordurada e deixe agir por 5 a 10 minutos. Limpe com um pano de prato ou esponja não abrasiva.

O forno pode ser mais chatinho de limpar, porque você tem que se abaixar, retirar as grades... Então, para não dificultar a limpeza, evite deixar para depois: toda vez que você usar, observe se respingou algo. Desligue o fogão, espere esfriar e tire o excesso com uma esponja com detergente neutro (pode usar o vinagre também, se estiver muito engordurado). Você vai perder uns dois minutinhos para poupar muito mais depois, já que as variações constantes de calor acabam endurecendo a gordura e deixando sua remoção mais difícil com o tempo.

NÃO SE ESQUEÇA
BOTÕES E MANGUEIRA DO FOGÃO

Salpicos de molho, farinha, ovos e gordura caem constantemente nos botões do fogão, que podem ser de plástico ou inox. Embora estejam bem ali na nossa frente, muita gente se esquece de limpá-los (você provavelmente não faz isso, né?). Eles costumam ser removíveis, então basta retirá-los e deixá-los um pouco de molho na misturinha de água, detergente e vinagre de álcool. Depois é só esfregar e enxaguar. O ideal é que você faça essa limpeza a cada dois dias ou uma vez por semana, mas não deixe acumular muito. Para quem usa botijão de gás, a borracha que o conecta ao fogão também pode ficar engordurada, mas uma limpeza mensal já é suficiente.

LIMPANDO A GELADEIRA SEM ENTRAR NUMA FRIA

Com a nossa misturinha salvadora em mãos, vamos atacar esse reino gelado. Você já sabe que eu sou a louca do vinagre, então não tenha medo de usar essa solução, pois não vai deixar cheiro. Também aconselho evitar cloro ou água sanitária para a limpeza interna, mas, se você já usa no seu dia a dia, só não se esqueça de remover muito bem o produto para evitar intoxicação.

Antes de limpar a geladeira, será necessário tirar tudo de dentro: alimentos, potes etc. Uma boa ideia é fazer isso quando já for perto do momento de fazer compras e a pobre coitada estiver quase sem nada, só com água e alguns legumes murchos. Isso vai facilitar bastante o processo.

Com a geladeira vazia, basta ir passando um pano com a solução por dentro (se o modelo permitir, pode remover prateleiras, gavetas e outras partes para realizar uma limpeza mais completa). Não tem segredo, é como limpar um armário por dentro. Depois, basta colocar as peças de volta no lugar e tchará! Geladeira tinindo sem complicação!

CONGELADOR E FREEZER — QUEBRANDO O GELO

A maioria das geladeiras hoje em dia são *frost free*, ou seja, têm um sistema de refrigeração controlado, que não deixa o gelo acumular nas paredes. Se a sua não tem, vai ter que limpar o congelador à moda antiga. Dá um certo trabalho, mas vem comigo!

O ideal é esperar a geladeira estar mais vazia (fim do mês costuma ser uma boa hora) e deixar o aparelho desligado da noite para o dia com a porta semiaberta, para descongelar. Pela manhã, o gelo derretido pode ter feito uma pequena bagunça, então o primeiro passo é secar o que ficou molhado. Retire as prateleiras ou gavetas, se houver, para facilitar. Com um borrifador, espalhe vinagre de álcool ou o multiúso apropriado de sua preferência e limpe com um pano úmido. Se for preciso, passe um pano seco para tirar o excesso de água. As gavetas e prateleiras podem ser limpas com detergente ou no lava-louça.

UMA DICA MAROTA PARA DESCONGELAR O FREEZER MAIS RÁPIDO É DEIXAR UM VENTILADOR LIGADO BEM NA FRENTE — VALE PARA OS FREEZERS VERTICAIS TAMBÉM.

NÃO SE ESQUEÇA

BORRACHA DE VEDAÇÃO DA GELADEIRA

Nos refrigeradores, a limpeza deve ir além das portas e prateleiras. Da próxima vez, não se esqueça da borracha de vedação. Basta limpar normalmente como o resto do eletrodoméstico.

COMO ORGANIZAR A GELADEIRA E POR QUANTO TEMPO OS ALIMENTOS DEVEM FICAR REFRIGERADOS

Você abre a geladeira e não consegue nem encontrar o que procura de tão bagunçada? Depois de limpa, é hora de dar uma organizada nos alimentos. Verifique os prazos de validade e jogue fora o que estiver vencido (para ajudar nessa missão, veja a seguir quanto tempo você pode guardar diversos itens, sejam eles naturais ou industrializados, depois de abertos).

COMO ORGANIZAR A GELADEIRA

Alimentos congelados e carnes

Alimentos que precisam de maior refrigeração

Leite, laticínios, ovos (não armazenar na porta) e sobras de comida

Na porta: industrializados em geral

Na porta: água, sucos e refrigerantes

Verduras e legumes em sacos plásticos

QUANTO TEMPO OS ALIMENTOS DEVEM FICAR NA GELADEIRA

MOLHOS
20 A 30 DIAS

DOCES 3 DIAS

SOPAS E CARNES COZIDAS
3 A 4 DIAS

SALSICHAS E BACON
7 DIAS DEPOIS DE ABERTOS

MAIONESE INDUSTRIALIZADA
2 MESES DEPOIS DE ABERTA

FRIOS 3 DIAS

OVOS 15 A 30 DIAS

SOBRAS 1 A 2 DIAS

LEITE 2 DIAS

LEGUMES E FRUTAS
3 A 7 DIAS

VERDURAS E TEMPEROS 2 A 3 DIAS

DICAS E TRUQUES PARA A LIMPEZA DA COZINHA

DICA 1: COMO TIRAR O MAU CHEIRO

COZINHA: coloque um recipiente com um pouco de vinagre de álcool em um lugar alto. O produto ameniza os odores liberados no preparo dos alimentos.

GELADEIRA: deixe uma xícara com pó de café ou pedaços de carvão no interior do eletrodoméstico por algumas horas.

MICRO-ONDAS: esprema ½ limão em 500 ml de água e aqueça em potência máxima por 3 minutos. Depois passe um pano limpo.

DICA 2: COMO LIMPAR PANELA QUEIMADA

VOCÊ VAI PRECISAR DE: bicarbonato de sódio, vinagre de álcool, esponja ou escova macia.

Se sozinhos já fazem efeito, imagine juntos? A união do bicarbonato com o vinagre garante uma limpeza perfeita dos queimadinhos na panela.

PASSO A PASSO: cubra com vinagre todo o fundo da panela. Coloque 4 colheres de bicarbonato de sódio. Deixe ferver por 5 minutos. Espere esfriar e esfregue a esponja ou escova no fundo da panela. Caso a mancha não saia, repita o processo.

DICA 3: FOGÃO ENFERRUJADO: O QUE FAZER?

VOCÊ VAI PRECISAR DE: água e bicarbonato de sódio ou vinagre de álcool.

PASSO A PASSO: faça uma pasta misturando o bicarbonato e a água. Aplique essa solução sobre as manchas e esfregue com cuidado usando uma escova de dentes ou uma esponja macia, para não arranhar o eletrodoméstico. Uma alternativa para quem gosta de vinagre: basta esfregar a mancha com um pouco de vinagre e um pano limpo. Se mesmo assim não sair, deixe o vinagre agindo e dissolvendo a ferrugem difícil de um dia para o outro. Esfregue com um pano limpo para remover.

DICA 4: ELETRODOMÉSTICOS TAMBÉM MERECEM CUIDADOS

Nossos companheiros de cozinha também merecem um trato de vez em quando, principalmente quando ficam expostos a poeira e gordura. Liquidificador e batedeira devem ser lavados sempre que usados. A sanduicheira e a torradeira, com o tempo, acumulam gordura e farelos de pão e podem ser limpas com — adivinha? — nossa misturinha de água, detergente neutro e vinagre.

MICRO-ONDAS

VOCÊ VAI PRECISAR DE:

→ 1 copo de água
→ 1 colher (sopa) de vinagre de álcool
→ Detergente
→ Papel-toalha

PASSO A PASSO: coloque em um recipiente a água e o vinagre e leve ao micro-ondas por 5 minutos. Quando o tempo acabar, deixe a mistura descansando dentro do aparelho por mais ou menos 3 minutos. Quando abrir a porta do micro-ondas, vai ver que toda a sujeira incrustada amoleceu. Então, basta passar um papel-toalha ou pano limpo seco para retirá-la com facilidade. Na parte externa, use um pano úmido com detergente até ficar bem limpinho. Depois, seque com um pano ou papel-toalha.

AIR FRYER

No país da coxinha e dos salgadinhos, a fritadeira elétrica coleciona uma legião de fiéis, que têm sempre uma receita na manga. Mas lavar o interior do aparelho às vezes pode ser uma tarefa ingrata. Se você é desse time, sabe bem, né? Quando a minha acumula muitos resíduos, eu espero esfriar e deixo a cesta interna de molho em água, detergente neutro, bicarbonato de sódio e vinagre de álcool. Aí a gordura vai soltando, o que facilita a limpeza. Após deixar um tempo de molho, geralmente lavo com uma esponja ou escovinha para ajudar a alcançar os lugares mais difíceis. Não é recomendável usar água fervente ou o lado verde da esponja, que podem danificar o Teflon do equipamento.

6. DIA 5: LAVANDERIA OU ÁREA DE SERVIÇO

O quinto dia do cronograma é reservado para cuidar da lavanderia ou área de serviço (em algumas casas, ainda quintal ou varanda), além de lavar e passar roupas. Para alguns, porém, botar a máquina de lavar para funcionar não pode esperar uma semana inteira. Isso vai depender do número de pessoas que moram com você (quem tem crianças sabe que a roupa suja costuma acumular na velocidade da luz). Ou, no caso de passar, não é uma tarefa que precisa ser feita com tanta frequência — hoje em dia, muita gente já abriu mão de passar todas as peças. Eu, particularmente, acho uma liberdade abolir o ferro de passar — claro que sempre tem aquele vestido ou calça de algum tecido mais "amassável" ou uma ocasião mais formal que pede uma roupa lisinha.

Sendo assim, a sexta-feira pode ser o dia de executar as tarefas complementares ou aquelas que ficaram pendentes ao longo da semana (lavar e passar roupas, por exemplo, são tarefas complementares, como já falei). De qualquer forma, para quem for focar nesses espaços, seguem algumas dicas que podem ajudar a organizar essa rotina.

CHECKLIST DA LAVANDERIA OU ÁREA DE SERVIÇO

- ☐ Lavar a roupa
- ☐ Passar a roupa (se quiser)
- ☐ Organizar o guarda-roupa
- ☐ Limpar a máquina de lavar
- ☐ Lavar o tanque
- ☐ Varrer ou aspirar o chão
- ☐ Lavar o chão ou passar pano

ITENS QUE PROVAVELMENTE VOCÊ VAI USAR NA LAVANDERIA OU ÁREA DE SERVIÇO

→ Tábua de passar

→ Ferro

→ Vassoura ou aspirador

→ Pano ou mop

→ Escovinha ou esponja

→ Sabão em pó

→ Amaciante e alvejante (opcionais)

O QUE VOCÊ DEVE SABER NA HORA DE LAVAR

→ Evite misturar roupas brancas com roupas coloridas.

→ Sempre confira as etiquetas das peças, que costumam trazer informações importantes.

→ Não lave panos de prato junto com roupas. As peças de cozinha costumam ter muita gordura.

→ Evite secar roupas coloridas ao sol: isso faz com que elas desbotem mais rapidamente.

→ Tente criar uma rotina possível de ser seguida, para não acumular tanta coisa.

POR EXEMPLO:

SEGUNDA-FEIRA

→ Separar toda a roupa

→ Lavar roupas coloridas e/ou roupas escuras

TERÇA-FEIRA

→ Lavar toalhas e/ou roupa de cama

→ Colocar panos de prato de molho

OUTRAS POSSIBILIDADES PARA OS DEMAIS DIAS

→ Colocar roupas brancas de molho

→ Lavar roupas delicadas

→ Lavar roupas brancas

→ Lavar tapetes

→ Lavar panos de limpeza

→ Lavar panos de prato

→ Lavar só as emergências (aquelas peças de que você já vai precisar, como calcinhas e cuecas, meias etc.)

DICAS E TRUQUES PARA A LIMPEZA DA LAVANDERIA OU ÁREA DE SERVIÇO

COMO DAR UM TRATO NA MÁQUINA DE LAVAR

→ Ajuste o botão da máquina para o nível alto de água.

→ Escolha o ciclo longo.

→ Deixe o aparelho encher por completo.

→ Quando a máquina começar a funcionar, despeje 1 litro de vinagre de álcool.

→ Deixe a máquina funcionar por alguns minutos e pause a lavagem por meia hora.

→ Após esse tempo, adicione uma xícara de bicarbonato de sódio e deixe o composto agir por meia hora.

→ Faça uma pasta com duas colheres (sopa) de vinagre de álcool e uma colher (sopa) de bicarbonato para limpar a máquina pelo lado de fora, principalmente nos cantinhos mais difíceis, com a ajuda de uma escovinha ou esponja.

→ Religue a máquina de lavar e finalize o ciclo.

GUIA DEFINITIVO PARA TIRAR MANCHAS DE ROUPAS

Lembre-se: se possível, limpe a mancha enquanto ela ainda estiver "fresca". Quanto mais tempo passar — ou, pior, se você lavar sem cuidado e colocar para secar —, mais difícil vai ser para sair.

Antes de prosseguir com a lavagem normal, na máquina ou à mão, siga estas dicas:

MAQUIAGEM

Para produtos em pó, como blush e sombra, retire o excesso com uma escova macia e aplique um pouco de detergente.

Para produtos à base de óleo, como batom, corretivo e base, retire o excesso com um papel absorvente e esfregue suavemente com um algodão embebido em álcool ou demaquilante sem óleo (do contrário, pode criar uma segunda mancha).

Para rímel ou delineador, aplique um pouco de detergente e esfregue com uma escova macia até dissolver a mancha.

CANETA

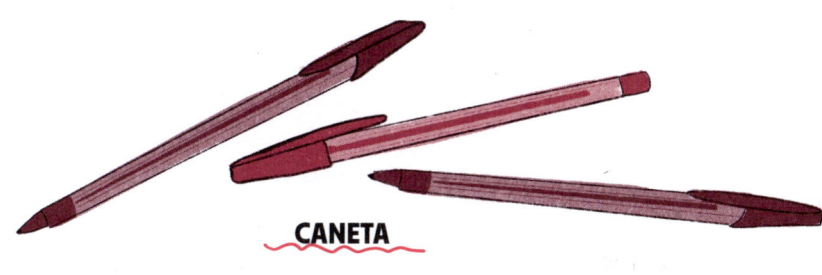

Esfregue um algodão embebido em álcool sobre a mancha até sair. Para canetinhas hidrocor, despeje um pouco de leite quente (isso mesmo!) sobre a mancha e esfregue.

SANGUE

Aplique vinagre de álcool sobre a mancha por 10 minutos, esfregue e enxágue. Para roupas brancas, você pode usar água oxigenada 10 volumes.

Outra opção é esfregar uma pasta de água com talco ou amido de milho sobre a mancha, deixar secar e retirar os resíduos. Ou deixar a roupa de molho por duas horas em água com sal, depois esfregar com detergente.

MOLHOS VERMELHOS (TOMATE, PIMENTA, KETCHUP)

Retire o excesso com um papel-toalha ou guardanapo. Vire a peça do avesso e coloque sob água corrente para que a mancha não penetre mais na roupa. Esfregue com detergente e enxágue.

GORDURA

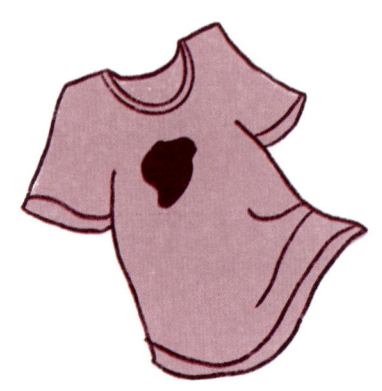

Sobre a mancha ainda fresca, aplique talco ou amido de milho e deixe de um dia para o outro para que absorva a gordura. Caso não tenha saído tudo, esfregue cuidadosamente com detergente neutro. Enxágue com vinagre de álcool e retire o excesso com água.

DESODORANTE

Despeje na região manchada a misturinha de 1 colher (sopa) de bicarbonato de sódio com suco de ½ limão espremido (ou um pouco de vinagre de álcool). Deixe agir bem por meia hora. Então, remova com água corrente. Caso não tenha saído o suficiente, repita o processo para só depois realizar a lavagem normal.

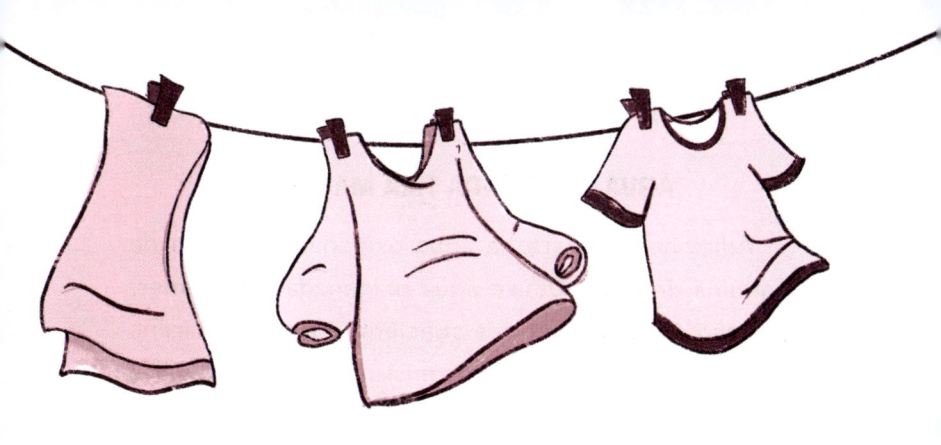

PARA AS ROUPAS BRANCAS

ÁGUA SANITÁRIA COM AÇÚCAR TIRA MOFO

Em 1 litro de água sanitária, coloque 1 xícara de açúcar. Deixe a roupa de molho na solução por cerca de meia hora e, em seguida, lave normalmente. A adição do açúcar à água sanitária evita que peças mais delicadas fiquem danificadas.

BICARBONATO DE SÓDIO SERVE PARA LAVAR ROUPAS E TÊNIS

Para tirar o amarelado e o aspecto envelhecido das peças, encha um balde de alumínio com água fervente, acrescente 1 colher (sopa) de sal e 1 colher (sopa) de bicarbonato de sódio. Lave a peça com a mistura e, em seguida, enxágue bem com água limpa.

ÁGUA OXIGENADA TIRA MANCHAS

Adicione ½ xícara de água oxigenada na água da máquina de lavar. Utilize água oxigenada 10 volumes, que não é muito forte e é suficiente para essa tarefa. Tome muito cuidado para não misturar roupas coloridas na lavagem.

VINAGRE DE ÁLCOOL
DEIXA AS ROUPAS MAIS BRANCAS

Para lavar a roupa, utilize um copo americano (200 ml) de vinagre de álcool com sabão ou detergente em um tanque ou máquina de lavar cheios de água. Para manchas, basta umedecer a parte suja com Pinho Sol e colocar a peça na máquina de lavar ou no tanque.

DÊ UM TRATO EM QUEM NUNCA TE DEIXA NA MÃO

São eles que nos ajudam a deixar nossa casa sempre brilhando, mas quase ninguém lembra que os acessórios de limpeza também precisam de cuidados.

ASPIRADOR DE PÓ

Se partículas de poeira ficam presas no bico do aspirador, ele pode acabar arranhando. Fique atento!

COMO LIMPAR: alguns modelos são bem simples de limpar — basta tirar o compartimento onde fica armazenado o pó e fazer a limpeza, esvaziando e, em seguida, lavando em água corrente. Isso, porém, vai depender da marca e do modelo do seu aparelho, então o melhor é consultar o manual de instruções. Troque o filtro do aspirador sempre que o saco estiver cheio de sujeira acumulada.

ESPONJAS

São utilizadas nas mais diversas atividades de limpeza da casa, e é muito importante que sejam frequentemente desinfetadas (e, após algum tempo de uso, substituídas).

COMO LIMPAR: para desinfetá-las, mergulhe a esponja em uma mistura de ¾ de xícara de água sanitária e um litro de água.

VASSOURA

A cada varrida, as vassouras vão acumulando sujeirinhas que, se não forem removidas, vão invadir a sua casa!

COMO LIMPAR: em um recipiente com água morna e sabão suficiente para cobrir as cerdas, deixe a vassoura de molho. Aspiradores de pó também podem ser utilizados para sugar os resíduos.

DICAS DE ORGANIZAÇÃO

PARTE 4

UM AMBIENTE LIMPO E ORGANIZADO AJUDA NA ROTINA E INFLUENCIA NO HUMOR E NA PRODUTIVIDADE

Dizem que o ambiente em que vivemos revela muito sobre nós mesmos. Como um reflexo do nosso interior. E uma coisa é inquestionável: um espaço bagunçado e sujo afeta negativamente nossa cabeça. E a bagunça até bem mais que a sujeira. Fiz uma pesquisa rápida com pelo menos cem pessoas, e o resultado foi unânime: uma casa desarrumada atrapalha o rendimento, prejudica a concentração e afeta o humor de forma geral. Todas as pessoas consultadas disseram que não conseguem ficar bem ou ser produtivas em uma casa bagunçada, além de sentirem a necessidade de arrumar aquele espaço antes de qualquer coisa. Do contrário, o dia não rende.

Quantas vezes não nos vemos perdidos na vida, sem rumo e sem foco? Começar arrumando as coisas de fora para dentro já nos dá outra perspectiva da situação. Manter um ambiente organizado é bem mais fácil do que parece. Não é preciso investir muito dinheiro ou mesmo ficar paranoico — precisamos ter em mente que a nossa casa é que nos serve, e não o contrário. Não podemos ser reféns do nosso lar, o essencial é aquilo que nos deixa confortáveis. Ao mesmo tempo, tem gente que funciona superbem em um ambiente não tão arrumado — e não tem problema nenhum nisso.

VÁ COM CALMA:
FAÇA UMA COISA DE CADA VEZ

Quando nos deparamos com uma casa muito bagunçada, nosso primeiro impulso é querer arrumar tudo de uma vez. Em seguida, bate o desespero por ter muita coisa para arrumar, seguido do desânimo, e então desistimos. Acabamos deixando para depois e, com isso, acumulamos mais coisas. O segredo para uma organização eficiente e menos cansativa é fazer uma coisa de cada vez. Comece por onde está mais caótico e faça isso com tempo. Tenha foco, mas não fique pensando na hora em que você vai terminar, apenas siga fazendo.

Precisamos aceitar que a arrumação não é permanente e que uma casa com vida, habitada por pessoas, sempre terá um pouquinho de bagunça — só devemos ter cuidado para não perder o controle. Mas isso não significa que vamos deixar de viver para manter tudo em ordem. É preciso encontrar um equilíbrio.

Como já mostrei em alguns exemplos, os cronogramas facilitam muito nessa hora. Faça uso deles ou monte um de acordo com sua rotina. Ter um cronograma facilita a visualização das tarefas como um todo, e assim fica mais fácil definir as prioridades.

Como já disse, organização não é o meu forte — organizar camisas por cores nunca foi minha prioridade, mas admiro, de verdade, quem consegue fazer isso. No entanto, tenho uma percepção diferente do que é uma organização funcional e necessária. Aqui vai uma confissão: já tentei até trabalhar como *personal organizer*, mas assumo que não estou psicologicamente preparada para essa tarefa. Isso porque, na maioria das vezes, a bagunça é causada pelo hábito de acumular coisas, e é preciso lidar com a dificuldade que o desapego traz.

Mas existem algumas dicas totalmente possíveis de se colocar em prática.

> ### CRIE O HÁBITO DE SEGUIR ESTES MANDAMENTOS:
> → Sujou? Lave
> → Tirou do lugar? Use e guarde de volta
> → Acendeu? Apague
> → Abriu? Feche

Este é o princípio básico: nunca deixar para depois. Partindo desse ponto, também devemos criar o costume de, sempre que possível, desapegar daquilo que não nos serve mais. Separe as coisas que você usa das que não usa mais ou nunca usou. As que não são mais úteis, doe. As que você utiliza, organize de maneira que facilite sua vida.

Vamos colocar uma meta simples: se você não usou algum objeto ou roupa em um período de seis meses, dificilmente ainda usará (ou ele não é tão necessário assim). Desapegar é importante para abrir espaço àquilo de que você de fato precisa e que provavelmente fica espalhado por falta de lugar, já que está tudo ocupado com coisas que você não usa. E essa é a causa da tão temida bagunça.

1. AS REGRAS DO DESAPEGO

Primeiro, é preciso diferenciar o que é bagunça do que é caos e aprender a lidar com cada um. Bagunça é aquele brinquedo espalhado, um chinelo fora do lugar, uma toalha em cima da cama. Isso rapidamente se arruma e não deve incomodar tanto. Caos é quando você perde o controle de tudo, pois acumulou muita coisa. E é isso que vamos trabalhar para que não aconteça.

É importante aprender a desapegar: de vez em quando, as coisas ficam espalhadas pelo simples fato de não haver lugar para guardá-las — e muitas vezes esses lugares já estão ocupados com coisas acumuladas, sem nenhuma utilidade. Para ajudar nesse momento, elaborei as cinco perguntas do desapego.

1. QUAL É A REAL UTILIDADE DISSO PARA ESTAR AQUI OCUPANDO ESPAÇO?

Quem nunca comprou algo achando que seria superútil e usou muito pouco? Ou então deixou aquele objeto guardado por meses ou até mesmo anos sem nunca ter precisado? Nesse caso, o melhor a fazer é doar essas peças a alguém que vá de fato aproveitá-las. Outra opção é vendê-las e ainda descolar uma graninha...

2. QUANTOS ITENS IGUAIS A ESSE EU TENHO?

A oferta variada de produtos e as novidades que surgem a cada momento no mercado fazem com que, muitas vezes, a gente compre mais que o necessário. Dessa forma, acabamos acumulando várias peças iguais ou com a mesma função. A melhor solução é selecionar, dentre essas peças, as que são mais úteis e merecem espaço na sua casa.

3. EU REALMENTE TENHO UM PLANO PARA ESSAS COISAS?

O hábito de guardar objetos quebrados ou que não usamos há muito tempo é bastante comum. Sempre temos um plano para eles, não é mesmo? A verdade é que não — na maioria das vezes, protelamos o conserto, a reciclagem ou o reaproveitamento e não fazemos nada além de acumular. Se você não tiver uma projeção real do que vai fazer com essas coisas — e quando —, livre-se delas e seja feliz!

4. ESSE ESPAÇO ESTÁ SENDO UTILIZADO DE FORMA PRODUTIVA?

A falta de espaço para armazenar os objetos é uma queixa recorrente. Pense naquele jogo de jantar com várias peças que você raramente usa. E a prateleira cheia de livros que já não te acrescentam mais nada? Na melhor das hipóteses, você perde seu precioso tempo limpando tudo ou acaba se frustrando por estarem sempre empoeirados... Atitudes como essas devem ser repensadas para que os espaços em sua casa sejam sempre bem aproveitados.

5. O QUE TEM VALOR SIMBÓLICO?

É perfeitamente normal ter objetos que guardamos por valor afetivo. Contudo, devemos analisar bem o que realmente tem esse significado ou não. Lembre-se de não confundir o valor afetivo com o financeiro. Se estiver guardando algo que não for mais útil para você só porque foi muito caro, venda! Você vai recuperar parte do dinheiro investido e ainda vai fazer alguém feliz! Pratique o desapego de forma consciente.

2. CADA COISA EM SEU LUGAR

A partir do momento em que você tem mais espaço, a arrumação fica muito mais fácil. Faça uma organização que funcione para você. Eu sempre digo: o que serve para mim pode não funcionar para outras pessoas, e vice-versa. Ou seja, você até pode buscar inspirações, mas só aplique o que realmente fizer sentido para sua vida.

Uma vez, tentei usar colmeias organizadoras nas gavetas de roupas, pois tinha visto na internet e achado sensacional. No início foi ótimo, mas depois de um tempo não funcionou mais para mim e acabei doando. Hoje prefiro dobrar as roupas do jeito convencional mesmo. Para outra pessoa, pode ser uma solução e tanto.

Mas algumas coisas de fato são praticamente universais. Um exemplo são as caixas organizadoras, ótimas para organizar e setorizar objetos, principalmente em pequenos espaços. Elas servem em QUALQUER ambiente. Mesmo. Banheiro, sala, cozinha, lavanderia, quarto — em qualquer um desses, as caixas organizadoras fazem maravilhas. Tenha sempre à mão, de diferentes tamanhos e modelos (há vários disponíveis no mercado) — quanto mais, melhor. As transparentes são boas para visualizar os objetos, ferramentas, itens de higiene etc. As de palha ou vime também servem para enfeitar o ambiente. Solte a sua imaginação!

As prateleiras também funcionam muito bem: basta ter uma parede livre e resistente e pronto! Cria-se logo um espaço a mais para organizar as coisas e, o mais importante, sem gastar muito ou mudar a estrutura do local.

ANIMAIS DE ESTIMAÇÃO

PARTE 5

Em algumas casas, os bichinhos de estimação são mais um membro da família. Para quem vive sozinho, são fiéis companheiros. Durante a pandemia, principalmente, eles nos ajudaram muito a enfrentar o confinamento — não à toa, o número de pets nos lares brasileiros cresceu 30% durante o período de isolamento social. Comigo também foi assim: temos uma cachorrinha, a Pipoka, que adotamos no início da pandemia, e ela trouxe uma grande alegria para nossa casa. A outra cachorrinha, Paçoca, veio depois. Como tenho uma casa com quintal, aqui elas ficam bem à vontade — e trato que nem criança mesmo, aqui não tem essa de não poder subir na cama ou no sofá. Mas cada casa tem suas regras, e sabemos que esses bichinhos adoráveis muitas vezes demandam cuidados especiais.

1. PELOS, COMO NÃO TÊ-LOS?

Quem tem bicho sabe: pelos de cachorro ou gato espalhados pela casa toda são sempre um terror. A verdade é que, infelizmente, isso é inevitável e não existe fórmula mágica para dar fim a esse problema, mas alguns truques podem facilitar nossa vida. É bom nunca deixar chegar ao ponto de ter aquela nuvem de pelos rodando pela casa, que nem em filmes de faroeste — o ideal é estar sempre a postos para não deixar acumular. Então vamos às dicas.

LIMPANDO COM O ASPIRADOR

Se tem um item que ajuda a lidar diariamente com os pelos espalhados é o aspirador de pó. Dá conta do recado e é fácil de usar em superfícies maiores, como tapetes, colchões, sofás e chão. Aspire sua casa pelo menos duas vezes por semana para remover os pelos. Se seu gato ou cachorro passeia pelo ambiente, aspirador em tudo!

USANDO O RODO NA LIMPEZA

Sabia que você também pode usar o rodo para limpar os pelos? Por mais maravilhoso que o aspirador seja, sempre fica alguma coisa para trás. E é aí que entra o bom e velho rodo. Envolto com um pano úmido com água e algum multiúso, ajuda a remover os pelos mais facilmente e não deixa que se espalhem pelo ar.

QUE TAL SAIR COLANDO TUDO?

Já pensou em usar uma fita adesiva para remover os pelos? Pois eu te digo que funciona demais! Você pode usar no sofá, no colchão e até mesmo nas roupas. Basta esticar sobre a superfície com a parte da cola virada para baixo e sair grudando os pelos espalhados. Depois é só puxar e *voilà*!

LUVAS DE BORRACHA

As luvas de borracha também são grandes aliadas na hora de remover os pelos e são bem fáceis de usar. Coloque as luvas, umedeça a palma da mão e passe onde quiser fazer a limpeza: você vai ver os pelos se juntando como mágica! Depois é só lavar em água corrente.

ESPONJA PARA LAVAR LOUÇA

A esponja também é uma ótima ferramenta para a remoção dos pelos. Basta umedecer e passar a parte mais abrasiva na superfície peluda. Só isso! Depois, lave a esponja com água e repita o procedimento até que todos os pelos desapareçam.

2. OUTRAS DICAS PARA QUEM TEM PETS

ELE FEZ XIXI, E AGORA?

Quando os bichinhos são bebês e ainda estão se acostumando com a nova casa — ou mesmo quando já são treinados, porque acidentes acontecem —, é comum se deparar com pocinhas de xixi pelos ambientes.

Para se livrar de uma vez por todas do odor provocado pela urina dos nossos amiguinhos, aqui vai uma dica fácil e bem barata, excelente para casas, fazendas e, principalmente, apartamentos.

VOCÊ VAI PRECISAR DE:

→ 500 ml de detergente de coco
→ 100 ml de amônia
→ 1,5 l de água

PASSO A PASSO: misture tudo e reserve em um recipiente fechado (costumo usar galões de água). Jogue no local (um pouco de cada vez), esfregue e deixe agir por 10 minutos. Depois é só jogar água e pronto: adeus, mau cheiro!

ATENÇÃO: QUANDO FOR USAR ESSA FÓRMULA, MANTENHA OS BICHINHOS O MAIS LONGE POSSÍVEL, PARA EVITAR RISCO DE INTOXICAÇÃO.

Essa mistura também faz maravilhas no banheiro e em sapatos com chulé. Mas **não recomendo o uso em tecidos**, pois pode danificar.

HORA DE DORMIR

Assim como trocamos nossa roupa de cama, não podemos nos esquecer da cama dos nossos bichinhos. Para limpá-la, não tem muito mistério: dê preferência a produtos mais neutros para não causar alergias. Usar vinagre para lavar roupinhas e roupas de cama é uma ótima alternativa.

CUIDADO COM OS QUÍMICOS

Para limpar meu quintal e áreas comuns, por onde os pets também passeiam, não faço muita firula: uso água e detergente neutro. Isso já é o suficiente para deixar o espaço higienizado.

É sempre bom lembrar que, se produtos com muita química já fazem mal para nós, imagina só para os nossos animais de estimação. No mercado, há diversos produtos veganos disponíveis e acessíveis, mas também temos como alternativa sustentável vinagre ou bicarbonato de sódio (só não use os dois juntos, pois podem causar intoxicação). Para uma limpeza mais profunda, também pode ser usado álcool 70%. Se decidir optar por um produto de limpeza tradicional, tome cuidado para manter os animais bem longe dos locais até ter certeza de que o produto foi completamente removido.

PARTE 6
DICAS DE OURO

Ufa! Chegamos ao fim da nossa superfaxina. Agora que você já é um craque da limpeza, basta manter o cronograma em ordem e fazer um pouquinho a cada dia para não deixar a bagunça acumular. O segredo é a manutenção: aos poucos e sempre. De bônus, aqui vai um compilado de dicas preciosas para aprimorar as tarefas e evitar ciladas no dia a dia. Aproveite sem moderação!

OS CORINGAS DA LIMPEZA:

1. ÁGUA

Considerada um solvente universal, ela é capaz de dissolver muitas substâncias. A água quente ajuda na remoção de gordura.

2. SAL

O sal tem um grande poder de desidratação, pois é capaz de absorver a umidade. Usado com água, ajuda na remoção de manchas das roupas.

3. ÁLCOOL

O álcool limpa e desinfeta diversas superfícies. No entanto, não deve ser usado em fórmica, borracha, acrílico ou em aparelhos eletrônicos.

4. BICARBONATO DE SÓDIO

O bicarbonato é um grande aliado na limpeza da casa, usado para remover manchas e desentupir a pia, por exemplo. Junto com água quente, auxilia a desgrudar restos de comida das panelas e travessas.

5. ÓLEO DE COCO

Além de ótimo como lustra-móveis de madeira, quando misturado com bicarbonato de sódio, ele remove manchas de superfícies lisas, como azulejos e sanitários.

6. LIMÃO

A acidez do limão é ótima para combater vários tipos de gordura. Esfregue ½ limão no interior de um recipiente de plástico ou lave-o com suco de limão para retirar manchas e odores.

BÔNUS

7 MANEIRAS DE USAR LIMÃO EM CASA

1. Pingue umas gotas para tirar o excesso de sal na comida.

2. Use o suco para limpar e desinfetar o banheiro.

3. Corte o limão ao meio e espete cravos nele para espantar insetos.

4. Aplique o suco diretamente nos azulejos para desengordurar.

5. Deixe as roupas de molho em água e limão para tirar o amarelado.

6. Coloque ½ limão na geladeira para tirar o mau cheiro.

7. Misture o suco com vinagre de álcool para ter um poderoso desinfetante.

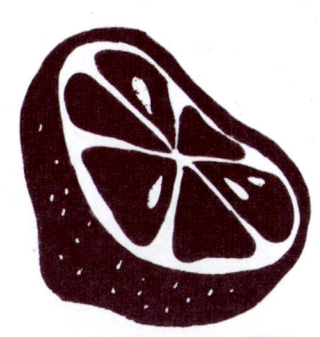

ALGUMAS DICAS PARA O USO DO VINAGRE ALÉM DE NA SALADA

Quando eu digo que uso vinagre para tudo, não estou exagerando. Uma vez fui trabalhar em uma casa cuja dona não tinha tempo de comprar os produtos de limpeza. Quando cheguei lá, não tinha nada além de detergente neutro e álcool. Pensei que estava lascada, mas me lembrei de ter visto na internet que vinagre era bom para limpeza. Foi aí que nosso caso de amor começou. Misturei tudo e fiz uma espécie de limpa-pisos caseiro (que é o que eu ensino para você neste livro), que era basicamente uma mistura de água, álcool, detergente neutro e o santo vinagre (mais tarde descobri que havia mil e uma possibilidades para limpeza com vinagre). Depois de fazer a tal mistura, eu mandei bala na limpeza. E não é que funcionou? A casa ficou um brinco, limpíssima, e eu, superanimada e orgulhosa. Ainda aproveitei o vinagre para limpar o fogão e os rejuntes do banheiro. No fim das contas, dei um jeito de fazer o meu trabalho, e estava tudo limpo.

Eis que o marido dela chega do trabalho, olha para mim e pergunta: "Minha filha, tomou banho de vinagre? A casa está cheirando a salada!" E eu ali sem entender nada. Tem um pequeno detalhe que não contei ainda: meu olfato é muito ruim devido a uma intoxicação (vou contar essa história logo adiante), então não sinto cheiro de quase nada. Ou seja, a casa estava limpa, mas realmente cheirando a salada, e eu nem sentindo. Para o meu azar, ele detestava vinagre. Resultado: minha cliente ficou satisfeita, o marido nem tanto... Mas, depois disso, o vinagre virou item indispensável naquela despensa; ela usava para lavar roupa, eu usava para fazer a limpeza geral da casa.

Então aqui vão algumas sugestões de atividades em que usar esse santo produto. E não esqueça: use vinagre de álcool!

→ Lavar roupas.

→ Limpar boxe de banheiro — num borrifador, coloque vinagre e bicarbonato, espirre nos rejuntes, aguarde um pouquinho e esfregue com uma escovinha.

→ Limpar queimadores de fogão — numa panela, coloque 1 copo de vinagre e 1 colher (sopa) de detergente, ponha os queimadores e cubra com água. Deixe ferver por 10 minutos, depois lave normalmente.

→ Tirar cheiro de peixe das mãos (não se esqueça de remover bem o limão da pele, pois pode queimar e causar manchas ao sol).

→ Limpar pisos — num balde, coloque aquele limpa-pisos bom e barato da pág. 41. Use um pano para limpar o piso (gosto de colocar álcool também).

→ Limpar geladeira e micro-ondas — num borrifador, coloque ½ xícara de água, ½ xícara de vinagre e um tantinho de detergente.

→ Limpar móveis, vidros e espelhos — num borrifador, coloque o nosso maravilhoso limpador multiúso (receita na pág. 42). Aí é só borrifar num pano e passar nas superfícies.

→ Tirar tinta de óleo do piso.

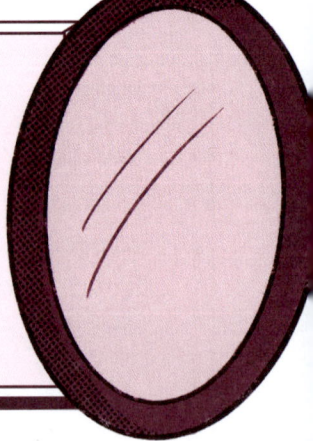

→ Lavar tapetes e lençóis (tira mau cheiro, até mesmo de xixi de pets).

→ Tirar mofo.

→ **Desentupir ralo** — você vai precisar de 4 colheres (sopa) de sal (se tiver bicarbonato, pode colocar também), 1 xícara de vinagre e 1 xícara de água. Deixe a água do ralo escorrer por completo, coloque o sal nele e, em seguida, a mistura de vinagre e água fervendo (cuidado com o cheiro). Aguarde, depois use um desentupidor (tampe o nariz, porque pode sair mau cheiro) e jogue água corrente. Essa é uma medida de emergência e funciona muito bem com gorduras, mas com fios de cabelo nem tanto.

→ **Tirar sujeira do sofá** — umedeça um pano limpo numa solução de 1 copo de água e ½ copo de vinagre. Esfregue a mancha e, em seguida, passe um pano seco no local.

NUNCA FAÇA ESTAS COMBINAÇÕES

Nunca na vida, NUNCA MESMO (leia isso como se fosse uma luz em neon piscando com todos os sinais de alerta possíveis), nunca, nunquinha misture ÁGUA SANITÁRIA com qualquer outra coisa, principalmente com VINAGRE. Eu falo com conhecimento de causa. Ao unir **água sanitária** com ácidos, como o **vinagre**, você pode produzir vapores tóxicos, como o gás cloro. Com isso, seus pulmões e olhos correm o risco de sofrer queimaduras e outros problemas sérios. E foi exatamente isso que aconteceu comigo.

Um belo dia, quando ainda não tinha muita experiência, fui fazer uma faxina em um banheiro que parecia que não era limpo havia anos. Quase desisti, mas decidi que daria conta. Joguei água sanitária nas paredes e, para potencializar a limpeza, fiz o quê? Taquei vinagre. Pior: quis deixar agir um pouco antes de limpar, fechei a porta do cômodo (que não tinha circulação de ar) com aquela arma química e fui fazer outras coisas. Quando abri o banheiro novamente, foi como um soco: o cheiro era tão forte que perdi o ar. Mal conseguia ficar ali dentro, mas tive medo de deixar a porta aberta e se alastrar pelo resto do apartamento. Entrei em pânico, mas precisava terminar, então prendi a respiração e fui em frente. Abri o chuveiro e deixei a água cair, mas não aguentei segurar a respiração muito tempo e acabei soltando. Naquela hora eu vi Deus, vi anjo, vi a luz, escutei as trombetas, achei que fosse morrer. Depois de muito tempo, o cheiro foi embora. E meu olfato idem. Tive uma intoxicação séria, fiquei com uma crise alérgica por semanas. Por isso, minha gente, tomem cuidado ao combinar certos produtos, pois o resultado pode ser extremamente perigoso.

MISTURAS PROIBIDAS

ÁGUA SANITÁRIA + ÁLCOOL EM GEL

A combinação dos dois produtos químicos produz clorofórmio e ácido muriático, dois compostos que podem prejudicar nossos pulmões, rins, fígado, olhos e pele. Além disso, o clorofórmio é uma substância bastante tóxica, que pode causar enjoos e outras reações nocivas à nossa saúde.

ÁGUA SANITÁRIA + VINAGRE

Vapores tóxicos são produzidos quando uma substância ácida é misturada à água sanitária. Essa reação química pode causar queimaduras sérias, além de irritação e danos ao sistema respiratório.

ÁGUA SANITÁRIA + OUTROS PRODUTOS DE LIMPEZA

Como você já percebeu, nenhum outro produto, como limpa-vidros e detergentes, deve ser misturado à água sanitária. A reação química dessas substâncias produz gases tóxicos. Com a exposição, podem ocorrer irritações respiratórias e na visão.

VINAGRE + ÁGUA OXIGENADA

A combinação do vinagre com água oxigenada resulta em um líquido altamente corrosivo, que pode irritar a pele, os olhos e até mesmo afetar os pulmões. Portanto, é importante que você mantenha esses dois produtos sempre distantes um do outro.

PARA EVITAR MOFO

Já morei em lugares bastante úmidos, e aí não tem jeito: se não cuidar, o mofo vai atacando móveis e roupas. Mas tenho algumas dicas caseiras para combater esse vilão.

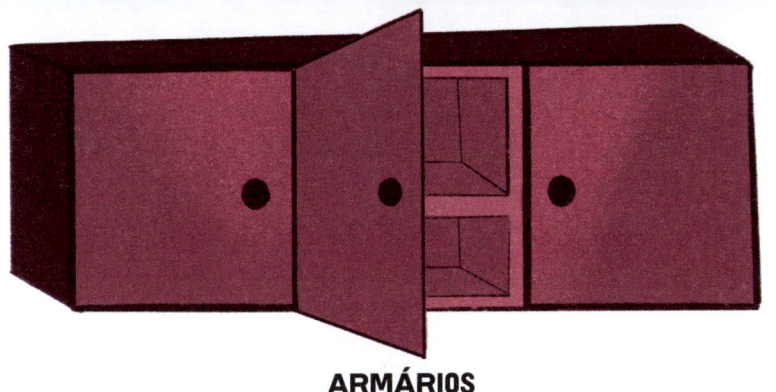

ARMÁRIOS DA COZINHA

Coloque pedaços de giz e/ou carvão dentro dos armários. Quando estiverem úmidos, deixe-os secar ao sol ou troque por novos.

GUARDA-ROUPAS

Coloque um pote com bicarbonato de sódio, cal ou gesso dentro do guarda-roupa. Troque-o a cada seis meses.

GAVETAS

Deixe um pedaço de giz no canto da gaveta para que absorva a umidade.

MÓVEIS

Evite encostá-los totalmente na parede e mantenha o local sempre arejado.

PAREDES

Misture 1 litro de água com 1 litro de água sanitária e lave a área mofada. Passe um pano úmido e deixe secar.

PARA TIRAR O MAU CHEIRO

Todo mundo quer uma casa cheirosa, mas não é preciso sair borrifando toneladas de spray nos ambientes para disfarçar os possíveis odores incômodos que surgem no dia a dia. Basta lançar mão de alguns truques simples para evitá-los. Mas se quiser dar um toque final com aquele cheirinho favorito, fique à vontade!

GELADEIRA

Deixe uma xícara com pó de café ou pedaços de carvão no interior do eletrodoméstico por algumas horas.

COZINHA

Coloque um recipiente com um pouco de vinagre em um lugar alto. O produto ameniza os odores liberados no preparo dos alimentos.

COLCHÃO

Prepare uma solução com ¼ de xícara de vinagre de álcool, ¼ de xícara de álcool e ¼ de xícara de água, borrife no colchão e aguarde secar.

MICRO-ONDAS

Esprema ½ limão em 500 ml de água e aqueça em potência máxima por 3 minutos. Depois passe um pano limpo.

REMOVEDOR DE MANCHAS CASEIRO

No capítulo destinado à lavanderia, trago um compilado de dicas para remover cada tipo de mancha das roupas, mas aqui vai a receita de uma misturinha caseira que tem ação semelhante a produtos como Vanish. Ela ajuda e muito na hora de tirar manchas mais difíceis.

- 7 colheres (sopa) de bicarbonato
- 7 colheres (sopa) de sabão em pó
- 150 ml de água oxigenada 30 volumes
- 1 colher (chá) de amaciante

Em um recipiente, misture todos os ingredientes com uma colher até obter uma solução pastosa. Se ficar muito sólida, pode amolecê-la adicionando um pouquinho de água. Em seguida, reserve em um recipiente com tampa, longe da luz do sol. Sempre que for usar, o ideal é colocar 1 colher (sopa) para cada 10 quilos de roupa, misturando a pasta na água e deixando agir por 10 a 15 minutos.

ARMAZENAMENTO DE ALIMENTOS NA GELADEIRA

Para evitar descongelar carnes ou até mesmo feijão várias vezes, divida em porções e coloque em saquinhos, como aqueles que usamos para legumes no mercado, ou, melhor ainda, aqueles com fecho zip, que podem ser reaproveitados. Separe as porções que vai consumir e vá descongelando. Sem contar que ocupa muito menos espaço no freezer.

POR HOJE É SÓ!

Não vou mentir: manter a casa limpa e organizada dá trabalho, por isso muita gente acaba deixando em segundo plano. Mas quando conseguimos estabelecer uma rotina, sem entrar em parafuso, dá uma baita sensação de bem-estar, e faz bem para a saúde do corpo e da mente. Espero que com essas dicas simples e funcionais, que fui reunindo ao longo de anos de testes e muitas faxinas, eu tenha conseguido ajudar você a tornar essas tarefas mais leves e prazerosas, assim como são para mim — e, principalmente, mais fáceis e práticas.

Recapitulando, deixo aqui um esqueminha de tudo o que falamos ao longo das últimas páginas, para que a gente nunca mais sofra com a antes tão temida faxina, além de um cronograma completo com dicas de por onde começar e o passo a passo de cada cômodo (lembrando que você também pode fazer o seu como funcionar melhor para você!).

CRONOGRAMA

POR ONDE COMEÇAR

→ Arrumar a cama

→ Tirar a bagunça do caminho

→ Organizar pias e bancadas

→ Varrer ou aspirar

→ Lavar a louça e limpar o fogão

→ Passar pano ou mop

→ Fazer uma limpeza básica do banheiro

→ Esvaziar lixeiras

SALA

→ Passar a vassoura na parede

→ Limpar o ventilador

→ Limpar janelas

→ Limpar portais e interruptores

→ Tirar pó dos móveis

→ Bater ou aspirar o sofá

→ Varrer ou aspirar tapete e chão

→ Passar pano ou mop no chão e nos rodapés

BANHEIRO

→ Limpar paredes e interruptores

→ Limpar janelas

→ Limpar espelhos

→ Lavar a pia

→ Lavar a privada

→ Lavar o boxe

→ Varrer ou aspirar o chão

→ Lavar o chão ou passar pano

→ Lavar a lixeira

COMPLETO

QUARTO

→ Passar a vassoura na parede

→ Limpar ventilador e/ou o filtro do ar-condicionado

→ Limpar janelas

→ Limpar portais e interruptores

→ Tirar pó dos móveis

→ Bater ou aspirar colchão e travesseiros

→ Varrer ou aspirar tapete e chão

→ Passar pano ou mop no chão e nos rodapés

COZINHA

→ Limpar paredes e janelas

→ Limpar portais e interruptores

→ Limpar e organizar armários

→ Limpar a geladeira

→ Limpar o micro-ondas

→ Limpar o fogão

→ Limpar demais eletrodomésticos

→ Varrer ou aspirar o chão

→ Lavar o chão ou passar pano

→ Lavar a lixeira

LAVANDERIA OU ÁREA DE SERVIÇO

→ Lavar a roupa

→ Passar a roupa (se quiser)

→ Organizar o guarda-roupa

→ Limpar a máquina de lavar

→ Lavar o tanque

→ Varrer ou aspirar o chão

→ Lavar o chão ou passar pano

→ Crie uma rotina de limpeza e organização diária, com um calendário de tarefas.

→ Evite deixar itens pessoais espalhados pelos cômodos. Sempre que tirar algo do lugar, coloque de volta — não deixe para depois.

→ Não acumule: pare de guardar coisas desnecessárias e desapegue de tudo que não usa mais — roupas, sapatos, acessórios, livros e objetos.

→ Separe alguns minutos do dia (ou dia sim, dia não, dependendo da necessidade) para uma rápida faxina na casa.

→ Faça a limpeza e organização por cômodos, e não tudo ao mesmo tempo. Se estiver tudo muito bagunçado, não adianta querer resolver de uma vez.

→ Comece pelos lugares com que você tem mais dificuldade em deixar limpos ou organizados e planeje o tempo que vai levar.

→ Separe antes todo o material que vai usar.

→ Crie uma rotina de arrumação e limpeza que seja prática no seu dia a dia e mantenha os itens de uso diário em fácil acesso.

→ Coloque uma música ou seu podcast preferido e mãos à obra!

AGRADECIMENTOS

CAROL Assim como propomos aqui nestas linhas, escrever este livro com a Suhellen foi uma tarefa árdua, mas, principalmente, prazerosa. Agradeço especialmente à minha mãe, Regina, por tudo (mesmo), à minha irmã, Manoela, e à minha sogra, Nai, por ajudarem a equilibrar os pratinhos nesse malabarismo. Ao Julio, meu companheiro, que divide comigo as tarefas de casa (e todas as outras da vida). A João Pedro, Tulio, André e toda a minha família, pelo apoio.

Às amigas Marina Caruso e Joana Dale, que me deixaram contar a história da Suhellen na revista *Ela*. À nossa editora Cristhiane Ruiz, que leu a reportagem e, com olhar sensível e perspicaz, nos convidou a embarcar nessa aventura. E a toda a equipe da Intrínseca pela paciência, generosidade e carinho com a gente em todas as etapas deste livro.

Obrigada acima de tudo à Suhellen, que me ajudou a encarar as tarefas de casa de uma outra forma, mais agradável e bem-humorada, por compartilhar sua história e suas dicas inestimáveis e por ser uma ótima parceira. E a todas as diaristas que se dedicam a esse trabalho tão importante e, muitas vezes, subvalorizado, criando seus próprios métodos e receitas. Às mulheres que muitas vezes me salvaram quando eu não dei conta: Fátima, Cida, Josi, Val, Cris, a quem já recorri para aquele truque esperto de como limpar uma mancha, que produto usar (e que agora já temos reunidos aqui nestas páginas).

E obrigada a você, leitor, por nos acompanhar até aqui. Esperamos que tenha se divertido e que essas dicas ajudem você a perder o medo e se tornar um ás da faxina.

SUHELLEN Peço que leiam mesmo estes agradecimentos, ok? Não pulem, não passem direto, porque para mim foi muito difícil externar tudo isso.

Como agradecer a todo mundo sem esquecer de ninguém? É complicado. Antes de mais nada, gostaria de dizer que não tem como definir uma ordem de quem foi mais importante na minha vida: todos os que cito aqui são importantes.

Primeiramente, eu gostaria de agradecer à minha mãe, Eci, que me deu a vida e me deixou vir ao mundo. Junto com ela, agradeço infinitamente à minha outra mãe, Ruth, que praticamente deu a vida por mim, sem ter obrigação nenhuma. Ela, que sempre acreditou e nunca desistiu de mim, mesmo quando eu dava todos os motivos para o contrário. Eu disse que um dia ainda daria muito orgulho a ela, e esse dia chegou.

Gostaria de agradecer a meu esposo, Fabio, mais conhecido como o "Cavalo do Príncipe", que me viu no Tinder e pensou: "Essa tem cara de maluca, vou investir." Foi ele quem me impulsionou, me deu vários choques de realidade e se recusou a bancar minhas cervejas. Ele conseguiu me mostrar que eu era capaz de muita coisa. Sempre acreditou em mim, até quando eu mesma não acreditava (e isso segue até hoje, para ser sincera).

Quero agradecer também à Luiza, minha eterna Potencial Gestante. Passei a acompanhá-la quando fiquei grávida do meu último filho, em 2013, e nunca imaginei que em algum momento nossos caminhos fossem se cruzar e que ela seria tão importante na minha vida. Sem ela eu não teria feito o perfil no Instagram, e sem isso eu não estaria aqui escrevendo este livro hoje. Se ela não me ajudasse divulgando meu perfil, eu nem sequer teria feito a primeira faxina para desconhecidos. Obrigada, madrinha, eu te amo muito, mesmo sem nunca ter te visto pessoalmente.

Gabi Anastacia, do Papo de Empreendedora. Foi ela quem deu o pontapé inicial quando me entrevistou e divulgou em sua página e, em seguida, me indicou para um projeto sensacional do extinto Huffpost Brasil. Eu nunca vou esquecer isso.

Se eu citei a Gabi, não poderia deixar de mencionar a Fernanda Galvão, que me indicou para faxinar a casa da Gabi e para outras oportunidades incríveis. Obrigada mesmo.

Tio Haroldo, achou que eu não ia lembrar de ti? Você foi o primeiro a me chamar para fazer faxina, me pagar uma quantia generosa para limpar seu escritório menor que meu quarto. Eu sei que fazia isso para me ajudar. E sou muito grata, de verdade.

E, aproveitando a deixa, obrigada, prima Flavia: eu limpava sua casa em troca do RioCard, e você me deixava gravar e mostrar tudo no Instagram para ter conteúdo. Você não faz ideia de como isso foi importante para mim.

Quero ser clichê e agradecer aos meus cinco filhos, porque muitas vezes pensei neles e em tudo que eu gostaria de proporcionar a cada um. E essa vontade de dar o melhor me fez seguir em frente e não desistir.

Gostaria também de agradecer em especial a duas pessoas que não estão mais nesse plano... À minha avó Zilda, que cuidou de mim, me mimou e me defendeu até os seus últimos dias. E à minha sogra, Edilamar. Eu me lembro de como ela ficou feliz por mim quando contei do livro. Ela me acolheu como se eu fosse uma filha, e sempre se mostrava muito orgulhosa de me ter como nora (mesmo que não me falasse isso diretamente, muito pelo contrário, dizia que meu trabalho de blogueira era coisa de gente desocupada, risos). Eu sempre vou amar essas duas... Muito mesmo.

Não posso esquecer da Sarah Thuller, maravilhosa, que me deu várias ideias bacanas e também me ajudou com a minha imagem e identidade visual, tirou várias fotos minhas e me fez parecer gente. São as fotos que ela fez que apareceram em diversos jornais, revistas, sites e até memes (risos). Valeu mesmo, sua linda.

Não quero me estender muito, mas quero agradecer a todos que de alguma maneira fizeram parte disso. Aos meus seguidores que me acompanham, aturam meus surtos e meus rolês mais loucos: titia ama vocês demais, viu?!

Às minhas eternas patroas e patrões, vocês que confiaram em uma estranha em sua casa, que me tratavam com tanto carinho e valorizavam meu trabalho. Saudades de nossas conversas... eu amo cada um de vocês.

Aos meus alunos maravilhosos, eu nem preciso dizer que vocês contribuíram gigantescamente para que este livro acontecesse, não é mesmo?

Não posso me esquecer ainda das duas terapeutas mais maravilhosas desse mundo, Rosa e Lorraine. Rosa, por ter me dado vários socos na cara, me fazendo acordar para a vida e sair do comodismo, e Lorraine, que me manteve sã em vários momentos caóticos.

À Carol, que embarcou nessa comigo e, mesmo a trancos e barrancos, conseguimos entregar este livro mais que especial.

A todos os canais de comunicação e pessoas envolvidas nesse meio, que me deram a oportunidade de mostrar meu trabalho: sem vocês eu não teria sido notada.

E agradeço a VOCÊ, caro leitor, que adquiriu este livro. Deu um trabalhão para deixar ele assim, tão incrível, mas foi um prazer acompanhar você nessa jornada. Ah, e quando você estiver muito orgulhoso do seu cronograma da faxina, pode me convidar para um café com biscoitos. Vou adorar ver o que foi posto em prática e elogiar seus cantinhos caprichados!

UM ABRAÇO E ATÉ A PRÓXIMA!